Johannes Greving
Liane Paradies

Referate
vorbereiten und halten

POCKET TEACHER

Download: PowerPoint-Referat

1. Rufe die Internetseite auf:
   www.cornelsen.de/pocket-teacher
2. Gib den Webcode ein: **PT229314**

Cornelsen
SCRIPTOR

Die Autoren:
Johannes Greving und Liane Paradies sind Gymnasiallehrer in Niedersachsen. Beide arbeiten auch an der Universität Oldenburg: Sie bilden Lehrerstudenten aus, vor allem zum Thema Unterrichtsmethoden. Außerdem sind sie in der Lehrerfortbildung tätig. Und: Sie haben schon etliche Fachbücher für Lehrer und auch Schüler geschrieben.

Die in diesem Werk angegebenen Internetadressen haben wir überprüft (Redaktionsschluss: 14.04.2009). Dennoch können wir nicht ausschließen, dass unter einer solchen Adresse inzwischen ein ganz anderer Inhalt angeboten wird.

Für die neue Ausgabe wurde dieser Band vollständig aktualisiert und erweitert.

www.cornelsen.de

Bibliografische Information: Die Deutsche Bibliothek verzeichnet diese Publikation in der Deutschen Nationalbibliografie; detaillierte bibliografische Daten sind im Internet über http://dnb.ddb.de abrufbar.

Dieses Werk berücksichtigt die Regeln der deutschen Rechtschreibung, die seit August 2006 gelten.

5. 4. 3. 2. 1. Die letzten Ziffern bezeichnen
13 12 11 10 09 Zahl und Jahr der Auflage.

Projektleitung: Anja Sokoll, Berlin
Redaktion: Gabriele Teubner-Nikolai, Berlin
Redaktionelle Neubearbeitung: DAS LEKTORAT Monika Kopyzcinski, Berlin
Reihengestaltung: Magdalene Krumbeck, Wuppertal
Satz und Layout: Rainer J. Fischer, Berlin
Herstellung: Uwe Pahnke, Berlin
Illustrationen: Dorina Tessmann, Berlin und R. J. Fischer, Berlin
Umschlagentwurf: Patricia Müller und R. J. Fischer, Berlin
Druck und Bindearbeiten: CPI – Clausen & Bosse, Leck
Printed in Germany
ISBN 978-3-589-22931-4

Gedruckt auf säurefreiem Papier,
umweltschonend hergestellt aus chlorfrei gebleichten Faserstoffen.

Inhalt

Vorwort

Liebe Schülerin, lieber Schüler!
Der handliche Pocket Teacher bringt dir viele Vorteile: Er informiert knapp und genau. Regeln, Erklärungen, Beispiele, Tabellen – alles ist übersichtlich geordnet und leicht verständlich.

Du kannst die gewünschten Infos am schnellsten über das Stichwortverzeichnis am Ende des Bandes finden. – Stichwort vergessen? Dann schaust du am besten ins Inhaltsverzeichnis und suchst im entsprechenden Kapitel nach dem Wort.

Im Text deines Pocket Teachers findest du viele farbige Pfeile. Diese verweisen auf andere Stellen im Buch.

Lern Check: Teste dein Wissen! Am Ende jedes Kapitels werden die wichtigsten Inhalte in einer Checkliste abgefragt. So kannst du dein Wissen schnell testen. Entdeckst du noch Lücken, dann gibt es hier Hinweise, welche Seiten du noch einmal genau lesen solltest.

Der Pocket Teacher Referate erläutert, wie du effektiv und schnell alle notwendigen Arbeitsschritte zur Herstellung und Präsentation eines Referates meisterst und wie du deinem Referat den nötigen „Feinschliff" gibst, um deine Mitschüler und Lehrer möglichst gut zu informieren und zu überzeugen.

Natürlich kann die Pocket-Teacher-Reihe ausführliche Schulbücher mit Übungen und Beispielen nicht ersetzen. Das soll sie auch nicht. Sie ist deine Merkhilfe-Bibliothek für alle Gelegenheiten, besonders für Hausaufgaben oder die Vorbereitung auf Klassenarbeiten und mittlere Abschlussprüfungen.

Vorab zu lesen

> „So, und zu Beginn der neuen Unterrichtseinheit verteilen wir jetzt noch die Referatsthemen! Wer möchte gern das Thema ‚Die oberrheinische Tiefebene' bearbeiten? Ja, Michael, ist das eine Meldung? Gut, notiert, du bist dann am 26. dran! Dann kommen wir zum nächsten Referatsthema …"

So oder ähnlich beginnen viele Unterrichtseinheiten. Richtig begeistert ist eigentlich keiner, aber es muss ja wohl sein. In den nächsten Wochen oder Monaten ignoriert man die aufgebürdete Arbeit nach Kräften, aber irgendwann ist es dann allerhöchste Eisenbahn! Man muss ran, koste es, was es wolle. Also schnell Bücher gewälzt, ins Internet geschaut, Freunde und Eltern gefragt – und schließlich zum letztmöglichen Termin etwas zusammengeschrieben. In der nächsten Stunde, wenn man als Referent an der Reihe ist, wird das ausgearbeitete Referat vorgelesen und basta. Man hat zwar das Gefühl, das schon nach kurzer Zeit selbst der Lehrer nicht mehr hinhört, aber was kümmert es einen? Man hat seine Pflicht erledigt und gut. Auch die anschließende Diskussion verläuft ausgesprochen schleppend, eigentlich hat keiner eine Frage, alle warten sehnsüchtig auf das Stundenende. Schließlich hat die Lehrerin bzw. der Lehrer ein Einsehen, stellt zwei oder drei Nachfragen, die man so einigermaßen beantworten kann, und endlich, endlich klingelt es! In der nächsten Stunde ist Katharina dran und man kann selber hinter dem Rücken des Vordermannes in Deckung gehen und dösen.

Diese hier skizzierte Situation ist zwar etwas übertrieben, aber keineswegs unrealistisch! Referate sind unbeliebt, und das hat hauptsächlich folgende Gründe in drei unterschiedlichen Bereichen:

- **Derjenige, der das Referat schreibt, hat Probleme:**
  Die ungewohnte Tätigkeit, selbstständig Informationen zu beschaffen und dafür Recherchefähigkeiten zu entwickeln, ist anstrengend und unbefriedigend.
  Die Kriterien und Maßstäbe, nach denen Material ausgewählt und bearbeitet wird, sind unklar, das Auswerten und Aufbereiten der Informationen daher zeitaufwändig und mühsam.
  - Die Niederschrift schließlich erfordert Konzentration und Selbstdisziplin, und dies nicht nur auf der zeitlichen Ebene.
  - Hinzu kommt häufig das Gefühl, eine fremdbestimmte, aufgezwungene Tätigkeit leisten zu müssen, deren Resultate eher bescheiden sein werden (s. u.).

- **Die Hörer (Mitschüler) haben ebenfalls Probleme:**
  - Das häufig vorgelesene oder auswendig gelernte Referat ist „staubtrocken".
  - Zu allem Überfluss spricht der Referent auch noch leierig und monoton. Man merkt ihm an, dass er nur schnell die Sache hinter sich bringen will.
  - Audiovisuelle Hilfsmittel gibt es nicht.
  - Selbst der bemühteste Schüler hat nach einiger Zeit den Faden verloren, findet ihn auch nicht wieder und schaltet ab.
  - Die fehlende Rückkopplung zwischen Redner und Hörern tut ein Übriges – zum Schluss sind eigentlich alle eher unzufrieden und froh, dass das Referat vorbei ist und der „normale" Unterricht wieder beginnt.

- **Der Lehrer „kocht auf kleiner Flamme":**
  - Er bemerkt selber die didaktischen und methodischen Unzulänglichkeiten des Referenten und muss feststellen, dass aus diesem Grunde auch die anschließende Diskussion verpufft.

- Die Konsequenz: Alles wird ein zweites Mal im lehrergelenkten Unterricht „durchgekaut". Das Referat war damit schiere Vergeudung wertvoller Unterrichtszeit, seine Effektivität gleich null.

Die Aufgabe dieses Buches

Mit diesem Buch wollen wir alle Schülerinnen und Schüler ausdrücklich ermuntern und sachlich-methodisch in die Lage versetzen, bei der Abfassung und Präsentation von Referaten mehr Fantasie und Kreativität, aber auch mehr Sachkompetenz und Überzeugungskraft zu entwickeln. Wir haben als Referenten und als Lehrer am eigenen Leib erfahren, wie viel Spaß es machen kann, ein gelungenes Referat zu schreiben und zu präsentieren, und wie viel Vergnügen es bereiten kann, ein gelungenes Referat anzuhören. Dies kostet weder sonderlich viel Aufwand noch Überwindung! Es reicht völlig, wenn man eine Reihe von Vorüberlegungen beherzigt und sich in die Beherrschung von Techniken, Kniffen und Tricks einübt – genau das will das Buch vermitteln.

Wir haben den Inhalt in sieben Kapitel gegliedert, die sehr unterschiedliche Ansprüche an den Referenten stellen:

Im ersten Kapitel erläutern wir Rahmenbedingungen, die zur Vorbereitung und zur Präsentation eines Referates wichtig sind, im Regelfall aber weder von den Lehrern noch den „Referenten" selbst beachtet werden. Sie haben zwar mit der Thematik des Referates direkt nichts zu tun, tragen aber zur erfolgreichen Bewältigung der gestellten Aufgabe oft mehr bei als man ahnt.

Im zweiten Kapitel geht es um die Vorbereitungsarbeiten für das Referat, die Beschaffung, Bearbeitung und Auswertung von Informationen. Um diesen Teil kommt keiner, der ein Referat halten will, herum! Wir versuchen, Arbeitsstrategien, Qualitätsmaßstäbe und Effektivität für die Arbeit zu verdeutlichen.

Das dritte Kapitel skizziert Tipps und Techniken zur Niederschrift, die natürlich nicht von allen Lehrern verlangt wird, vielen reicht die Präsentation vor der Klasse oder Lerngruppe. Dennoch würden wir allen raten, diesen Schritt nicht auszulassen, denn die Niederschrift festigt nicht nur die eigenen Kenntnisse, sondern zwingt einen selbst zur gedanklichen Klarheit, zur logischen Strukturierung und zur Präzision. Jeder, der einmal in die Lage geraten ist, einen umfangreichen Sachverhalt oder Gedanken schriftlich festzuhalten, kann das bestätigen – vieles, was einem vorher nur so im Kopf herumspukte, wird durch die schriftliche Formulierung deutlich und klar.

Im vierten Kapitel geht es um die Präsentation vor der Klasse oder Lerngruppe. Wir nennen die Hauptfehler einer langweiligen Präsentation und zeigen einfache Wege, wie man sie vermeiden kann. Aus Umfragen, aber auch aus unserer eigenen Erfahrungen hat sich ergeben, dass Lehrer es im Regelfall als selbstverständlich ansehen, dass Referate auch vor der Klasse präsentiert werden, sie verzichten nur im Ausnahmefall auf diese Präsentation und geben sich mit einer schriftlichen Ausarbeitung zufrieden.
Vieles von dem, was auf den Seiten 100 bis 107 gesagt wird, gilt auch für die Verschriftlichung des Referates. Wir raten dir daher, vor Beginn der Niederschrift auch diese Abschnitte zu lesen!

Im fünften Kapitel geht es schließlich um Hinweise und Tipps für die Diskussion des Referates im Anschluss an den Vortrag. Wir definieren die Aufgaben des Diskussionsleiters, erklären die wichtigsten Moderationsmethoden und -hilfsmittel und zeigen auf, wie man mit unfairen Diskussionsteilnehmern fertig werden kann.

Das sechste Kapitel widmet sich zwei Sonderformen des Referates, der Expertenbefragung und der Reportage. Wer z. B. ein Referat über integrative Schulsysteme halten soll und einen

Freund oder eine Freundin an der IGS hat, sollte sich überlegen, ob man diese(n) nicht als Experten einladen und vor der Klasse befragen kann – das ist oft eindrucksvoller als ein theoretisches Referat – oder ob er nicht eine gut, d. h. spannend geschriebene Reportage wählt, die auf eigenen Recherchen („Mein Tag an der IGS") beruht.

Das siebte Kapitel bildet der **Anhang**, hier befindet sich eine Checkliste, die man während der Arbeit an dem Referat öfters zurate ziehen sollte, um das eigene Gedächtnis zu entlasten. Spätestens dann, wenn es unmittelbar vor der Präsentation „ernst wird", solltest du sie ein letztes Mal durcharbeiten, um sicher zu sein, dass du nichts vergessen hast – das entlastet die eigenen Nerven und beruhigt und trägt ganz sicher zum erfolgreichen Gelingen bei.

1 Rahmenbedingungen für effektives Arbeiten

In diesem Abschnitt geht es nicht „um die Sache selbst“ – also das eigentliche Referat –, sondern um dich selbst als Lernender (bei der Vorbereitung und beim Schreiben des Referates) und Lehrender (bei seiner Präsentation). Lernen und Lehren nämlich sind ganzheitliche Vorgänge, bei denen nicht nur der Verstand – isoliert von der sonstigen Person – beteiligt ist. Eines der bekanntesten Zitate aus dem Bereich der Pädagogik lautet: Lernen geschieht mit „Kopf, Herz und Hand“ (Pestalozzi), und das bedeutet eben, dass immer der ganze Mensch mit seinen Gewohnheiten, Vorlieben, Einstellungen und auch Macken an diesem Prozess beteiligt ist!
Wir möchten daher zum einen verdeutlichen, dass erfolgreiches Arbeiten auch an Rahmenbedingungen geknüpft ist, die normalerweise gar nicht ins Blickfeld geraten. Zum anderen geben wir konkrete Tipps, wie diese Rahmenbedingungen für effektives Lernen und Lehren erfolgreich in die eigenen Arbeitsstrategien eingebaut werden können.

1.1 Arbeitsebenen

Pädagogen und Lerntheoretiker unterscheiden drei verschiedene Arbeitsebenen:

- **1. Ebene: die Verstandeskräfte**
  Wissen, Kenntnisse und kritische Einsichten werden trainiert. Diese Dimension wird in der Psychologie als die **kognitive Ebene** bezeichnet – Stärkung des Intellekts.
- **2. Ebene: die eigenen Einstellungen**
  Haltungen, innere Ansichten, Gefühlslagen und Sozialverhal-

ten werden ausgebildet. Diese Dimension wird als die emotionale oder auch **affektive Ebene** bezeichnet – Stärkung der Empathie.

- **3. Ebene: Entwicklung von Fähigkeiten und Fertigkeiten**
  Geistige und manuelle bzw. körperliche Arbeiten werden miteinander verknüpft (beim Schreibenlernen, beim Fahrradfahren). Diese Dimension wird in der Psychologie als die **psychomotorische Ebene** bezeichnet – Stärkung der Handlungskompetenz.

Kognitive Dimension: Informationsverarbeitungsstrategien

Auf dieser Ebene wird neues Wissen durch die Präsentation von Informationen oder das Erklären von Konzepten aufgenommen. Dieses Wissen muss verstanden, verarbeitet und gespeichert werden.

Das Ziel ist, das **Wissen jederzeit abrufbar** zur Verfügung zu haben, anwenden und auf beliebige Situationen angemessen übertragen zu können.

Die der **kognitiven Dimension** zugeordneten Arbeitsziele lassen sich noch einmal unterteilen:

- **Faktenwissen** im engeren Sinne („Wissen, dass …“)
- Wissen über Prozeduren, Algorithmen und Vorgehensweisen zur **Problemlösung** („Wissen, wie …“)
- Wissen über mögliche **Anwendungssituationen** („Wissen, wozu …“)

Welche Aspekte könnten **Arbeitsstrategien** berücksichtigen?

- **Informationen verstehen**
  - Nachschlagen in Lexika, Fachbüchern, Atlanten, …
  - Experten befragen (Lehrkraft, Mitschüler, …)
  - Verbindung zu alten, eigenen Wissensbeständen herstellen
  - Informationen ordnen, strukturieren, gliedern
  - Wichtiges von Unwichtigem unterscheiden und markieren
  - Regeln und Gesetze erkennen

- **Informationen behalten**
  - Mnemotechniken anwenden
  - Erschließungstechniken einsetzen
  - Systematisierungshilfen angemessen und situationsbedingt nutzen
- **Informationen anwenden**
  - konkrete Beispiele für abstrakte Regeln finden
  - abstrakte und übergeordnete Gesetzmäßigkeiten formulieren
  - Hypothesen logisch klar und sauber entwickeln und formulieren

Affektive Dimension: Interaktionsstrategien

Die Arbeitsstrategien auf dieser Ebene haben nicht unbedingt einen unmittelbaren sachlichen Bezug zum Inhalt des Referates, sondern beziehen sich in erster Linie auf die **innere Einstellung** des „Referenten"/der „Referentin". Dennoch wäre es in unseren Augen fatal, wenn du diese Dimension ignorieren würdest, denn Lernen ist grundsätzlich auch ein emotionaler Prozess, der viel mit Motivation zu tun hat.

Im günstigsten Falle gibt es einen multiplikativen Effekt, d. h. die kognitive und affektive Dimension ergänzen und verstärken einander. Aber auch kompensatorische, ausgleichende Aspekte sind im Übungsprozess zu beobachten, z. B. können Defizite im kognitiv-intellektuellen Bereich durchaus durch erhöhte Motivation oder ein angenehmes Lernklima ausgeglichen werden.

- **Affektive Arbeitsstrategien** beziehen sich auf die folgenden Aspekte:
  - sich selber Teilziele setzen
  - diese Teilziele regelmäßig überprüfen und ggf. ändern, ohne sich selbst zu überfordern
  - Planungstechniken einsetzen
  - eigene Lernmotivation bewusst hinterfragen und auf ihren stabilen Wesenskern bringen

- Arbeits- und Freizeitphasen klar trennen, sodass während der Arbeitszeiten „Versuchungen“ unterbleiben (wer dies nicht beherrscht, wird sehr viel Energie in die stets gefährdete eigene Motivation investieren müssen und diese damit dem Arbeitsprozess entziehen)
- eigene Stimmungen durch eine konzentrationsfördernde und als angenehm empfundene Umgebung positiv beeinflussen
- dazu gehört auch der pflegliche Umgang mit den eigenen Ressourcen, um Erschöpfung und Überforderung zu vermeiden und die eigene Leistungsfähigkeit und Kreativität zu erhalten

Psychomotorische Dimension: Aktivierungs- und Handlungsstrategien

Die zur psychomotorischen Dimension gehörenden Arbeitsziele beziehen sich auf den Auf- und Ausbau der praktischen **Demonstrations**-, aber auch der **Vermittlungsfähigkeiten**. Vor allem das eigene „Tun“ ist gefragt, denn ohne das selbstständige Ausführen manueller wie geistiger Tätigkeiten und das Nachvollziehen von Bewegungs- und Denkabläufen können nicht die Fähigkeiten und Fertigkeiten entwickelt werden, die ein didaktisch versierter Referent benötigt – und dies nicht nur bei der Demonstration eines komplizierten naturwissenschaftlichen Versuches!
Es geht also für jeden, der ein Referat halten will, um Strategien, wie das kognitive Wissen und die affektiven Einstellungen handelnd umgesetzt werden.

- **Psychomotorische Arbeitstrategien** können sich beziehen
  - auf den sachangemessenen Umgang mit Hilfsmitteln für Demonstrationen im Rahmen des jeweiligen Fachunterrichts,
  - auf die Fähigkeit zum Bau von Modellen und zum Aufbau von Versuchen,

- auf den sinnvollen Einsatz von Materialien und Medien, z. B. die Gestaltung von Folien oder Wandzeitungen, den sachangemessenen Einsatz von Dias oder Filmausschnitten, die didaktischen Möglichkeiten des Internets,
- auf das Training von Einfühlungsvermögen, um sich in eine andere (reale oder fiktive) Person hineinzuversetzen und ihre Motive und Handlungen nachvollziehen und nacherleben zu können.

1.2 „Lerntypen" und „Eingangskanäle"

Die Art und Weise, wie der Mensch am besten lernt, ist in vielen Untersuchungen erforscht worden.
Die Ergebnisse all dieser **Lernforschungen** zeigen, dass wir dann erfolgreich lernen, wenn möglichst viele Sinne beteiligt sind. Unsere Sinnesorgane – also Augen, Ohren, Nase, Hände – werden in der Lernforschung als **Eingangskanäle** begriffen, die die erhaltenen Lerninformationen an das Gehirn weiterleiten.

Lerntypen und Eingangskanäle mit ihrer kumulativen (anhäufenden) Wirkung

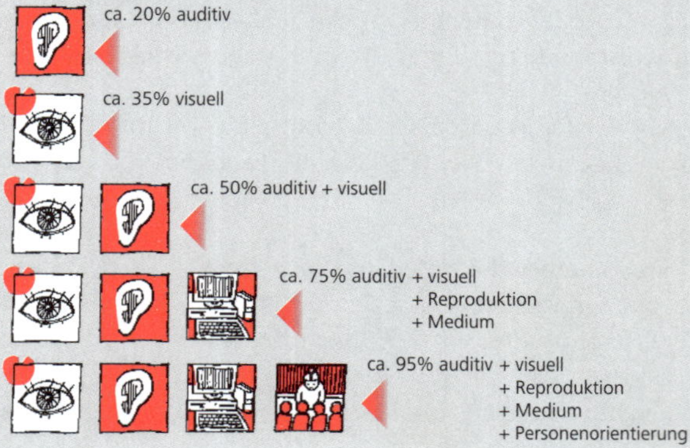

Die Grundlagentheorie zum Vorgang des Lernens stammt von dem amerikanischen Lerntheoretiker Frederik Vester, der als Basis seiner Aussagen folgende Überlegungen anstellt: Eine entscheidende Rolle für die Entwicklung von Persönlichkeit und damit Voraussetzung für erfolgreiches Lernen ist die Fähigkeit, Dinge und Vorgänge zu erkennen und gedanklich zu verarbeiten – also die Wahrnehmungsfähigkeit. Diese Fähigkeit führt zum Denken – dem Speichern der Information – und damit zum Lernen – gespeicherte Informationen abrufbar machen. Vester unterscheidet hauptsächlich zwei Lerntypen – den **visuellen** und den **auditiven** Lerntyp.

Die Realschule Enger hat einen ebenso einfachen wie effektiven Lerntypentest entwickelt, den jede Lehrkraft in ihrer Klasse oder jeder für sich selbst schnell und ohne großen Aufwand durchführen kann (↗ Abb. S. 18).
Die Ergebnisse des **Lerntypentests** sind die Grundlage für ein Wahrnehmungstraining, das darauf abzielt, ein ausgewogenes Verhältnis in der Nutzung der unterschiedlichen Lernwege zu entwickeln und die je eigene, individuelle Optimierung zu erreichen. Jeder muss sich darüber klarwerden, dass wir alle unterschiedlich lernen, dass es unterschiedliche Lerntypen gibt. Deshalb ist es so wichtig, dass du dein Lern- und Übungsverhalten selbst einschätzt und individuelle Wege findest, um Informationen aufzunehmen, zu verstehen, zu begreifen, möglichst lange zu behalten und bei entsprechender Gelegenheit abzurufen und sie auf unterschiedliche Art und Weise zu präsentieren.

Es gibt vielfältige Übungen, um individuelle **Lernstile** möglichst gut umzusetzen:

- **Innere Einstellung**
  Eine positive, mentale Einstellung ist Voraussetzung für erfolgreiches Lernen: Ängste, Ablenkung und Aufhebung der Konzentration durch Gedanken, die mit dem Ziel nichts zu tun haben, gefährden den Erfolg.

Lerntypen-Test

Du kannst dir nun klarmachen, wie viel du auf unterschiedlichen Wegen behältst. Kreuze im jeweiligen Kästchen

- die **3** an, wenn du dadurch viel behältst,
- die **2** an, wenn dir auf diesem Weg manches im Gedächtnis bleibt,
- die **1** an, wenn du bei diesem Vorgang nur wenig behältst.

	3	2	1
1. Du liest einen Text ein paar Mal durch.			
2. Dein Lehrer/deine Lehrerin trägt längere Zeit etwas vor.			
3. Du siehst einen Film im Erdkundeunterricht.			
4. Du baust eine elektrische Schaltung auf.			
5. Du liest die englischen Vokabeln ein paar Mal durch.			
6. Du schlägst ein Wort im Wörterbuch nach.			
7. Du fertigst zu einem Thema eine Zeichnung an.			
8. Ein Mitschüler erklärt dir etwas.			
9. Du schaust dir die Abbildung im Lehrbuch genau an.			
10. Du schreibst die englischen Vokabeln auf.			
11. Der Lehrer/die Lehrerin erklärt dir etwas.			
12. Der Lehrer/die Lehrerin macht dir eine Turnübung vor.			
13. Die neuen Regeln hängen auf großen Plakaten im Klassenraum.			
14. Du siehst im Fernsehen ein Musikvideo.			
15. Du hörst einen Sketch.			
16. Du schreibst aus einem Text Stichwörter heraus.			

Auswertung:

Punkte von	Summe	Lernart	Platz
4 + 7 + 10 + 16			
1 + 5 + 6 + 13			
3 + 9 + 12 + 14			
2 + 8 + 11 + 15			

- **Lernumgebung**
  Das Lernumfeld muss so „ästhetisch“ gestaltet sein, dass Lernen überhaupt erst stattfinden kann, um dann erfolgreich zu sein.
- **Verhaltensebene**
  Zum Erwerb einer Sprache benötigen wir einen Wortschatz und Strukturen, zum Lösen mathematischer Probleme brauchen wir bestimmte Regeln und eine geeignete Fachsprache.
- **Fähigkeitsebene**
  Die Fähigkeit, das Verhalten situationsadäquat einzusetzen, ermöglicht alltägliche Kommunikation (Reproduktion kontra Beherrschung). Eine Fähigkeit ist dann gegeben, wenn Menschen situationsadäquat so handeln können, wie sie es sich vorstellen.
- **Werte und Normen**
  Unsere eigenen Werte und Normen aber auch unsere Neugierde bestimmen, warum wir etwas lernen oder nicht lernen wollen.
- **Identität**
  Der Grad des „Einverstanden-Seins“ mit den Erziehungszielen der Schule oder Schulform bestimmt die individuelle Zufriedenheit des Einzelnen.

1.3 Arbeitstechniken

Zwei „Arbeitstechniken im weiteren Sinne“ halten wir bei Vorbereitung und Präsentation eines Referates für wichtig: die Mnemotechniken und die Planungstechniken.

Mnemotechniken

Mnemotechniken sind traditionelle **Gedächtnisverfahren**, die auf die Antike zurückgehen, und deren gemeinsamer Ausgangspunkt eine eigentlich recht simple Überlegung bildet: Unser Gedächtnis ist so beschaffen, dass es nicht nur den Inhalt eines

Textes zu memorieren versucht, sondern Verbindungen zu bildhaften Vorstellungen, zur äußeren Form, zu allen möglichen anderen Gedankeninhalten assoziiert. Ich erinnere mich z. B. genau daran, dass ein ganz bestimmtes Zitat, das ich vor Jahren gelesen habe und jetzt wiederfinden muss, in einem bestimmten Buch auf der linken Seite in der oberen Hälfte steht, aber ich weiß nach der langen Zeit weder Kapitel noch Seitenzahl – mein Gedächtnis funktioniert in diesem Moment **eidetisch**, d. h. bildhaft.

Das Gehirn bringt Informationen in einen Zusammenhang, die eigentlich in keinem stehen und keine logische Verbindung zueinander haben. In der Literatur wird auch von **merktechnischen Umwegen** gesprochen. Es gibt eine Reihe unterschiedlicher Verfahren in der Mnemotechnik, die sowohl beim Recherchieren wie beim Schreiben und natürlich erst recht bei der Präsentation hilfreich sind (↗ S. 100–103).

Planungstechniken

Planungstechniken beschäftigen sich sowohl mit dem Zeitmanagement als auch mit Organisation. **Zeitmanagement** bedeutet, Strategien zur sinnvollen zeitlichen Planung und Strukturierung längerfristiger Arbeiten zu entwickeln und dies zunehmend selbstständig zu tun.
Ein kluger Zeitmanager ist derjenige, der nicht alles auf die lange Bank schiebt, sondern rechtzeitig und dann kontinuierlich Arbeitsprozesse portioniert.

Folgende Regeln sollten dabei beachtet werden:
- Möglichst schnell einen wichtigen Gedanken notieren, denn dann ist die Erinnerung noch frisch.
- Lieber jeden Tag eine kurze Zeit arbeiten, als alles bis zum letztmöglichen Zeitpunkt verschieben.
- Schriftliches Festhalten – egal ob handschriftlich oder auf dem Computer – intensiviert das Gelernte.

Organisationstechniken beziehen sich auf all das, was den eigentlichen Arbeitsprozess lediglich begleitet und auf den ersten Blick vielleicht unwichtig erscheint, sich aber in der konkreten Arbeit als unverzichtbar erweist:

- vollständig vorhandene Materialien (z. B. Quellentexte, Formelsammlungen, Lexika usw.),
- ein übersichtliches System zur Ordnung und Archivierung der eigenen Materialien (Karteikarten, Pinnwände, Datenbänke im Computer usw.),
- funktionsfähige Arbeitsmaterialien (Taschenrechner, Millimeterpapier, Folien, Notenblätter usw.),
- aber auch scheinbare Nebensächlichkeiten wie ein geordneter Arbeitsplatz, eine konzentrationsfördernde Atmosphäre, die Einplanung sinnvoller Ruhephasen und nicht zuletzt die Sorge um das körperliche Wohl.

Wenn man nicht alleine, sondern in einer Gruppe ein gemeinsames Referat ausarbeiten und halten soll, gehört zu den Organisationstechniken zusätzlich noch:

- die Arbeitsteilung verbindlich und übersichtlich planen,
- Verabredungen einhalten und auf Einhaltung drängen,
- sich gegenseitig motivieren, gerade bei unerwartet auftretenden Problemen usw.

Lern-Check: Teste dein Wissen!

Kapitel „Rahmenbedingungen für effektives Arbeiten"	O.K. ✓	Das muss ich noch mal lesen
Ich kann die kognitive Arbeitsebene und ihre Arbeitsstrategien erläutern.		S. 12–14
Ich kann die affektive Arbeitsebene und ihre Arbeitsstrategien erläutern.		S. 14, 15
Ich kann die psychomotorische Arbeitsebene und ihre Arbeitsstrategien erläutern.		S. 15, 16
Die verschiedenen Lerntypen und ihre Eingangskanäle kann ich aufzählen.		S. 16, 17
Ich kann Beispiele nennen, wie sich die verschiedenen Lernstile am besten umsetzen lassen.		S. 17, 19
Den Begriff „Mnemotechnik" kann ich darlegen.		S. 19, 20
Ich kann den Begriff „Planungstechnik" erklären und Beispiele nennen.		S. 20, 21

Referate vorbereiten

2.1 Informationen beschaffen

Vorüberlegungen zu Recherchestrategien

Warum muss man sich überhaupt Informationen beschaffen? Eines ist ganz klar: Ein Referat – gleich, ob in der Sekundarstufe I oder II – ist keine Doktorarbeit, keine wissenschaftliche Grundlagenforschung, kein bahnbrechendes Werk, das der Menschheit neue Horizonte eröffnen soll!

Dennoch muss ein Referat gewissen Qualitätsprüfungen standhalten – und es wird im Regelfall ja auch anhand dieser Qualitätskriterien benotet, wie an den Bewertungskriterien für Referate deutlich wird (↗ S. 135–139).

BEISPIEL Manuel hat im Politikunterricht (Klasse 10) die Aufgabe bekommen, im Rahmen des Themas „Bundeswehr und Nato“ ein Referat über den Kosovokrieg zu halten. Er recherchiert im Internet über eine Suchmaschine, und gleich die erste Quelle, die er findet, hält eine Fülle von Argumenten bereit. Er arbeitet das Material zu einem Referat aus, das er wenig später hält und das ihm ein „ungenügend“ einbringt. Was Manuel weder bedacht noch gemerkt hatte, war die Tatsache, dass er auf der (deutschsprachigen) Propagandaseite der Milosevic-Partei gelandet war.

Die scheinbar objektive Darstellung der Ereignisse im Kosovo ist nur für diejenigen, die über ein breiteres Informationsspektrum verfügen, als üble Geschichtsfälschung erkennbar, und Manuel hatte sich dieser Mühe um eine fundiertere Informationsbasis nicht unterziehen wollen!

Das Thema bestimmen und festlegen

Auch wenn das Thema vorgegeben ist, ist es sinnvoll, die folgenden sechs Schritte nachzuvollziehen, da sie die notwendigen Grundlagen zum **Kleinarbeiten** des Themas darstellen.

1. Thema eingrenzen

Zuerst sollte eine spontane **Stoffsammlung** stattfinden, während der man alles notiert, was einem an Unterpunkten und Aspekten zu dem Thema einfällt. Dies kann auch mithilfe einer **Mindmap** oder als gemeinsames **Brainstorming** mit Freunden geschehen.
Der zweite und mindestens ebenso wichtige Schritt besteht dann im systematischen Aussortieren all dessen, was nach dem eigenen Vorverständnis nicht direkt mit dem Thema zu tun hat und das Referat allenfalls aufblähen und verwässern würde. Wir raten dazu, die aussortierten Aspekte dann, wenn man sich in das Thema eingearbeitet hat, noch einmal zu überprüfen.

2. Informationsquellen auswählen

Soll man eigene Recherchen (Umfragen, Interviews, Fragebogenaktionen) durchführen, sich völlig auf die Recherche vorhandener Quellen konzentrieren oder eine Mischform bevorzugen? Wir raten an dieser Stelle unbedingt zur **Rücksprache mit dem Lehrer bzw. der Lehrerin**! Nichts wäre ärgerlicher, als sich z. B. mit der Herstellung und Auswertung von Fragebögen eine Riesenarbeit zu machen, die an der Vorstellung der Lehrkraft völlig vorbeigeht.

3. Suchstrategien entwickeln

Im dritten Schritt sollte man sich überlegen, mit welchen Suchbegriffen, Schlagwörtern und/oder Sachbegriffen man die Suche durchführen kann. Grundsätzlich gilt, dass man mit dem Allgemeinen beginnen und sich zu immer spezielleren Aspekten durcharbeiten sollte, um sich so dem eigentlichen Referatsthema zu nähern. Bei anspruchsvolleren Themen in den höheren Klassen kann man sich einen ersten Überblick über das Thema sehr gut mithilfe eines **Konversationslexikons** verschaffen. Das wohl bekannteste Lexikon dieser Art ist der Brockhaus, daneben Meyers Enzyklopädie und das dtv-Lexikon, aber auch Microsofts „Encarta" auf CD-ROM ist hierfür sehr brauchbar. Aber bitte möglichst keine antike Brockhaus-Ausgabe aus dem frühen 20. Jahrhundert, sondern eine aktuelle Ausgabe benutzen! **Konversationslexika online** findest du unter: www.eb.com (Encyclopedia Britannica – allerdings in Englisch) und www.iicm. edu/ meyers (Meyers Lexikon).

4. Informationsquellen und Suchbegriffe abstimmen
Was z. B. für die Internet-Recherche als Suchbegriff sinnvoll sein kann, muss nicht automatisch bei der **Schlagwortsuche** in einer Bibliothek zum Erfolg führen. Internet-Suchmaschinen arbeiten nach völlig anderen Kriterien und Vorgehensweisen und sind nach ganz anderen Strukturen aufgebaut als Bibliotheken, Zeitungsarchive usw. Wir werden dies im Kapitel über die Fundstellen genauer erläutern.

5. Qualität überprüfen
In unserer heutigen Informationsgesellschaft ist im Regelfall nicht das Zuwenig, sondern das Zuviel an Informationen das zentrale Problem, gleichgültig, um welches Referatsthema es sich handelt. Derjenige, der anfängt zu suchen, sieht sich normalerweise nach kürzester Zeit mit einer **Flut von Informationen** und Materialien konfrontiert, die ihn eher erschlägt als beflügelt. Die lawinenartige Verbreitung des Internets in den letzten Jahren hat diese Entwicklung eher noch verschärft, da man bei fast jedem beliebigen Suchbegriff, der nicht völlig abstrus oder hochspezialisiert ist, haufenweise Quellen genannt bekommt. Die verständliche Reaktion vieler Schüler, die für ein Referat recherchieren, ist es dann, die erstbesten Quellen zu nehmen und die weitere Suche einzustellen. Von dieser Vorgehensweise können wir nur dringend abraten – vgl. das Beispiel von S. 23!

Der wichtigste, aber auch anspruchsvollste Arbeitsschritt bei der Recherche ist die **kritische Überprüfung** des gefundenen Materials, also des herausgesuchten Textes, der aus dem Netz gefischten Quelle, der vielleicht zufällig gefundenen Grafik usw.

Wir schlagen folgende Arbeitschritte zur Überprüfung der Qualität des Materials vor:

- **Relevanz:** Auf welche(n) der gefundenen Aspekte des Themas bezieht sich die Quelle? Sind diese für das Thema wichtig?
- **Zuverlässigkeit:** Wer hat den Text, die Grafik, die Tabelle verfasst? Was lässt die Urheberschaft an Objektivität und Niveau erwarten?
- **Nachprüfbarkeit:** Stellt die Quelle das Thema wirklich ausgewogen und objektiv dar oder ist sie parteilich, vielleicht sogar polemisch, verfälscht oder verschweigt sie wichtige Aspekte des Themas, enthält sie sachliche Fehler usw.?

Auch für selbst durchgeführte Untersuchungen gilt diese Qualitätsprüfung! Sie kann anhand der folgenden Leitprinzipien ablaufen:

- **Relevanz:** Sagen die gefundenen Daten überhaupt etwas in Bezug auf das Referatsthema aus?
- **Zuverlässigkeit:** Sind die Untersuchungskriterien so eindeutig beschrieben, dass andere sie nachvollziehen können?
- **Nachprüfbarkeit:** Sind die Ergebnisse ansatzweise repräsentativ oder ist die Stichprobe zu klein, um zu verallgemeinerbaren Resultaten zu gelangen, würde also eine zweite, ähnlich kleine Stichprobe ganz andere Resultate hervorbringen?

Daraus ergibt sich letztlich eine **Qualitätsabschätzung** des gefundenen Materials entlang der Linie:

- besonders geeignet (bg)
- geeignet (g)
- teilweise geeignet (tg)
- ungeeignet (ug)

6. Informationsgehalt vergleichen

Um es ganz deutlich zu sagen: An dieser Stelle der Referatsentstehung geht es auf gar keinen Fall schon um die Bildung der eigenen Meinung! Wir halten es für sehr wichtig, dass jeder, der sich in der Recherchephase eines Referates befindet, unvoreingenommen und ohne **vorschnelles Urteil** alle wichtigen Aspekte des Themas kennenlernt und kritisch prüft. Diese Geduldsleistung erfordert sicher ein gehöriges Maß an Selbstdisziplin, denn natürlich ist jeder Mensch geneigt, sich möglichst schnell eine Meinung zu bilden, um dann mit diesem **inneren Kompass** die Phänomene beurteilen zu können – aber genau davon sollte sich ein gutes Referat deutlich abheben! Also nicht gleich nach der Lektüre der ersten brauchbaren Quelle eine feste Meinung bilden und mit dem Schreiben anfangen, sondern zuerst und zunächst alle Seiten, alle Aspekte des Themas sondieren. (Für die schriftliche und mündliche Präsentation gilt das natürlich nicht so ohne weiteres, dazu später).

Mögliche Fundstellen

Bibliotheken und Büchereien

Die oberste Regel beim Umgang mit großen Ansammlungen von Büchern lautet: Sich nicht einschüchtern lassen! Lass dich nicht erschlagen von der schieren Masse der Bücher, die in einer **Bibliothek** (einer Leihbücherei oder einem Buchladen) stehen – es geht nämlich nicht darum, sich einen **lückenlosen Überblick** zu verschaffen (und schon gar nicht darum, möglichst vieler dieser Bücher zu lesen), sondern all diese Bücher sind nichts weiter als **Hilfsmittel** und **Informationsquellen** für dich.

Niemand würde auf die Idee kommen, beispielsweise ein Konversationslexikon von vorn bis hinten durchzulesen, und genau in der Art und Weise, wie der Suchende mit so einem Lexikon umgeht, sollte dein Umgang mit allen Informationsquellen erfolgen. Viele erwachsene Menschen haben (wissenschaftlich nachgewiesen) geradezu eine Schwellenangst, die sie am Betreten einer Bibliothek oder Bücherei, ja selbst eines Buchladens hindert. Vielleicht rührt ihre Angst daher, dass sie während ihrer Schulzeit nicht den sinnvollen Umgang mit Quellen und Literatur gelernt haben.

Die für die Referatsrecherche infrage kommenden Büchereien sind in aller Regel die **Stadt- oder Gemeindebücherei** und die in der eigenen Schule vorhandene Sammlung.

Wer in der Nähe von oder in einer Universitätsstadt wohnt, kann auch versuchen, die jeweilige **Universitätsbibliothek** einzubeziehen. Die Bestände fast aller Unibibliotheken sind heute über das Internet einsehbar, im Regelfall kann man sich von der Homepage der Universität aus durchklicken.

Die Homepages der Universitäten haben strukturell gleiche Adressen (z. B. uni-oldenburg.de / uni-tübingen.de / uni-hamburg.de).

Einige große deutsche Bibliotheken sind auch komplett im Internet vertreten:

- www.hbz-nrw.de (Hochschulbibliothekszentrum Nordrhein-Westfalen)
- www.gbv.de (gemeinsamer Bibliotheksverbund)
- www.ddb.de (Deutsche Bibliothek)

Modernste Bibliothek Deutschlands

dpa Dresden. Die modernste Bibliothek Deutschlands wird heute in Dresden feierlich übergeben. Der Neubau der Sächsischen Landesbibliothek/Staats- und Universitätsbibliothek (SLUB) hat knapp 100 Millionen Euro gekostet. Die mit etwa 30 000 Quadratmetern Nutzfläche ausgestattete Bücherei gilt als viertgrößte bundesweit. Der erste Spatenstich erfolgte im Juli 1998, in Betrieb ist das Haus bereits seit Oktober 2002. Die SLUB führt zahlreiche Fakultätsbibliotheken unter einem Dach zusammen. Sie beherbergt mehr als sechs Millionen Medien, darunter 4,3 Millionen Bücher und Zeitschriften, die Deutsche Fotothek sowie das Buchmuseum.

@ Das Haus im Netz: www.slub-dresden.de

Alle Büchereien und Bibliotheken haben einen **Katalog**, in dem alle Bücher und Zeitschriften, die zum Bestand gehören, aufgelistet sind. Früher bestand dieser Katalog aus mehr oder weniger großen Schränken mit ausziehbaren Schubladen, in denen für jeden Titel einen **Karteikarte** steckte, heute haben fast alle Büchereien und Bibliotheken auf Computerverwaltung umgestellt – das ändert aber überhaupt nichts an der Systematik und damit auch nichts an der **Suchstrategie**!

Im Regelfall kann man in jeder Bücherei oder Bibliothek nach drei verschiedenen Strategien vorgehen:

- Die Suche mit dem **alphabetischen Katalog** ist dann sinnvoll (und am einfachsten), wenn man schon (vom Lehrer genannte oder selbst recherchierte) Autoren und/oder Buchtitel weiß. In diesem Fall kann man einfach entweder über den Verfassernamen oder den Buchtitel in der alphabetischen Systematik suchen. Vorsicht nur, wenn der Buchtitel mit einem Artikel o. Ä. anfängt! Den Buchtitel „Die Weimarer Republik“ zum Beispiel findet man meistens nicht unter „d“, sondern unter „w“ wie „Weimarer Republik, Die“.
- Die Suche mit dem **systematischen Katalog** bietet sich an, wenn man zunächst einmal sichten möchte, was die betreffende Bücherei zu einem bestimmten Thema alles vorrätig hat. Die Systematik der meisten Stadt- und Gemeindebüchereien folgt einem standardisierten Schema (von A wie allgemein bis Y wie Sport, Spiel, Basteln), das aushängt und also eingesehen werden kann.
- Die Suche mit dem **Schlagwortkatalog** ähnelt der systematischen Suche, ist aber sehr viel spezieller und unter Umständen auch viel schneller als diese – es kommt darauf an, wie präzise das jeweilige Schlagwort ist. Wer sich zum Beispiel ganz gezielt über einen bestimmten Strafrechtsparagraphen informieren will, sollte das entsprechende Schlagwort eingeben und nicht anfangen, im dem systematischen Katalog unter F = Recht zu suchen.

Wichtig ist es noch herauszufinden, ob die betreffende Bücherei oder Bibliothek einen separaten **Zeitschriftenkatalog** hat oder ob Zeitschriftenartikel im normalen Katalog zu finden sind. Gerade für die Referatsrecherche ist dies von Bedeutung, denn Artikel in Fachzeitschriften haben oft den Vorteil, dass sie knapp und präzise über spezielle Probleme oder Aspekte eines ganz bestimmten Themas informieren, während Bücher oft umfangreiches Grundsatzmaterial ausbreiten. Wer sich also zunächst einmal Grundinformationen besorgen will, um sich in ein Thema einzuarbeiten und hineinzudenken, ist im Regelfall mit einem entsprechenden Buch bestens bedient, wer diese Phase aber schon hinter sich hat (oder vielleicht gar nicht benötigt, weil er schon detaillierte Vorkenntnisse hat), sollte die **Fachzeitschriften** nicht vernachlässigen.

Übrigens – natürlich haben die meisten Stadt- und Gemeindebüchereien nur einen sehr beschränkten **Sachbuchbestand**, und die Wahrscheinlichkeit, dass die gesuchten Bücher oder Artikel nicht zu diesem Bestand zählen, ist recht hoch. Das ist aber in der heutigen Zeit kein Beinbruch: Die meisten Büchereien und Bibliotheken sind an ein **Fernleihesystem** angeschlossen (mittlerweile die meisten auch online), über das man die gewünschten Materialien gegen eine geringe Gebühr ausleihen kann – das dauert allerdings eine gewisse Zeit! Also auch deswegen geben wir an dieser Stelle den dringenden Rat: Rechtzeitig mit der Referatsvorbereitung anfangen!

Auf der Karteikarte bzw. der Bildschirmseite mit dem gefundenen Buch finden sich eine Reihe von Informationen, die für das Referat wichtig sind: Autor, genauer Titel, ISBN, Erscheinungsort und -jahr, Auflage und – ganz besonders wichtig – die sog. Signatur (↗ Abb. S. 31).
Autor, Titel, Ort, Zeit und Auflage braucht man, um das Buch oder die Quelle korrekt zitieren zu können – was auf alle Schüler spätestens bei Abschluss- und Facharbeiten verbindlich zu-

kommt. Die **Signatur** dagegen ist wichtig, um das Buch in der Bücherei oder Bibliothek auch tatsächlich zu finden. Der systematische Aufbau der jeweiligen Bücherei hängt im Regelfall mehrfach im Raum aus, notfalls kann man aber auch die Bibliothekare um Hilfe fragen.

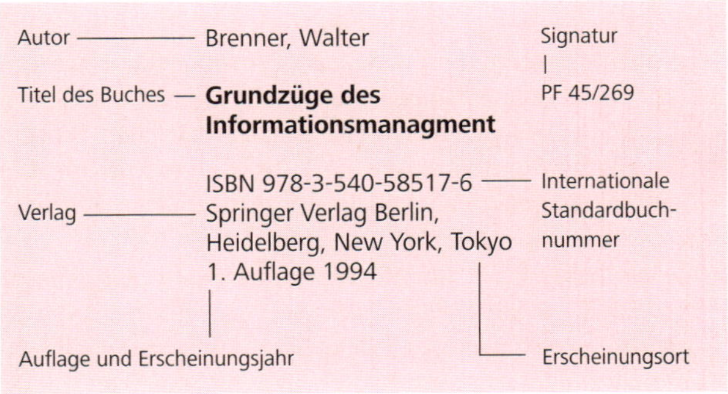

Archive

Im Gegensatz zu Büchereien und Bibliotheken sind Archive nicht in erster Linie für die Öffentlichkeit bestimmt, sondern dienen der Aufbewahrung alter Unterlagen zwecks Dokumentation, wissenschaftlicher Forschung, Klärung juristischer Sachfragen usw.

Daher solltest du dir über einige grundsätzliche Dinge im Klaren sein, bevor du dich an ein **Archiv** wendest:

- Man sollte seinen Besuch anmelden oder zumindest die Öffnungszeiten einhalten und grundsätzlich damit rechnen, dass man eine „**Legitimation**“ (z. B. ein entsprechendes Schreiben des Lehrers) braucht.
- Die **Systematik** in Archiven ist eine ganz andere als die in Büchereien – nicht nach Sachgebieten, sondern nach Herkunft. Man sollte sich also auf jeden Fall an den zuständigen Archivar wenden, der helfen (und beaufsichtigen) kann und wird.

- Viele Unterlagen in Archiven sind nicht öffentlich, sondern unterliegen dem **Datenschutz**, dies insbesondere dann, wenn es um personenbezogene Daten geht. Grundsätzlich gilt: Je älter die Dokumente, desto weniger Probleme gibt es bei der Einsicht und Verwertung der Quellen. Der personenbezogene Datenschutz beträgt im Regelfall 30 Jahre.
- Viele Quellen liegen nicht im (kostbaren) Original vor, sondern als **Mikrofilmkopie** o. Ä. Das ist grundsätzlich unerheblich, bereitet aber beim Lesen etwas mehr Arbeit. Mühselig für heutige Schüler dagegen ist oft das Entziffern der alten Schriftarten wie Sütterlin (eine verschnörkelte Schönschrift) oder gar Deutsch (wir benutzen ja bekanntlich lateinische Buchstaben).
- Archive leihen keine Materialien aus, man kann allerdings im Regelfall **Kopien** herstellen (auch von Mikrofilmen). Du solltest also, wenn du ein Archiv besuchst, Zeit mitbringen, um zumindest eine Vorauswahl für zu kopierende Materialien treffen zu können.

In aller Regel werden Referatsrecherchen nicht in privaten Archiven stattfinden, sondern in öffentlichen.

Die für Referate wichtigsten **öffentlichen Archive** sind:
- das **Schularchiv** mit Dokumenten zur Geschichte der eigenen Schule,
- das **Stadt-**, **Gemeinde**- und **Kreisarchiv**, in denen alle wichtigen Dokumente zur Geschichte der Stadt, der Gemeinde oder des Kreises aufbewahrt werden,
- das **Pressearchiv** der Kommunalzeitung (eigentlich kein öffentliches Archiv), in dem alle Zeitungsausgaben der letzten Jahrzehnte archiviert werden. Nach unseren Erfahrungen sind Zeitungsredaktionen aber immer gerne bereit, mit dem eigenen Archiv auszuhelfen – insbesondere dann, wenn die Recherchewünsche möglichst präzise formuliert und so lange Suchaktionen überflüssig werden!

Neben diesen „offiziellen“ gibt es eine ganze Reihe weiterer Archive wie z. B. der Kirchengemeinden, der karitativen Organisationen, der Wirtschaftsverbände und Gewerkschaften usw.

Internet

Kein anderes Informationssystem in der Geschichte der Menschheit hat sich derart rasant verbreitet wie das Internet, innerhalb weniger Jahre hat dieses weltweit verbreitete Datenübertragungsnetzwerk den Alltag all derjenigen verändert, die mit Informationen im weitesten Sinne zu tun haben! Eines aber solltest du vor Beginn jeder **Internetrecherche** bedenken: Das World Wide Web ist keine weltweite Bibliothek und schon gar nicht entwickelt worden, um Referats- oder sonstige Recherchen zu erleichtern – im Gegenteil: Hauptzweck des Internets ist der Kommerz, dem sich alles andere (insbesondere auch die Unterhaltung) unterzuordnen hat. Daher wird jeder, der meint, er habe nun mit dem Internet das Schlaraffenland für Referatsthemen entdeckt und könne mit „null Aufwand“ mehr oder weniger fertige Referate aus dem Netz laden, eine böse Enttäuschung erleben.

Natürlich gibt es (häufig von Schülern gestaltete) Webseiten mit fertigen Referaten, Facharbeiten, Hausaufgaben usw. (z. B. www. Hausaufgaben.de), aber wir können dich nur dringend davor warnen, so etwas komplett aus dem Netz zu holen und als eigene Arbeit auszugeben! Zum einen begeht jeder, der so etwas tut, schlicht **Urkundenfälschung** und Betrug (was dann, wenn es herauskommt, Strafen und andere negative Konsequenzen zur Folge hat), zum anderen solltest du die eigenen Lehrer nicht unterschätzen, denn die Wahrscheinlichkeit, dass sie diese Internetseiten auch kennen, ist recht groß.
Deshalb jetzt zurück zur „normalen" Internetrecherche: Das Problem für den Recherchierenden ist die ungeheure Datenfülle, in manchen Bereichen „erstickt" das Internet förmlich an dem Übermaß von Information. Hinzu kommt, dass ein sehr, sehr großer Teil der Informationen im wahrsten Sinne des Wortes aus **Augenfutter** (und/oder Werbung) besteht, also aus optisch ansprechend gestalteten Webseiten mit vielen Grafiken (und entsprechend langer Ladezeit), aber wenigen oder unbrauchbaren Informationen. Man braucht vor dem Monitor schon eine gute Portion Sitzfleisch, um sich durch Dutzende Webseiten durchzuklicken – über diese Tatsache muss man sich leider im Klaren sein, wenn man das Internet für eigene Referatsrecherchen nutzen will. Je spezieller, „exotischer" und weiter weg vom Informationsmainstream liegend das Gesuchte ist, desto schwieriger kann die Suche werden. Die einzig sinnvolle Maxime kann hier nur lauten, sich nicht so schnell frustrieren zu lassen.
Und wenn man dann (endlich) im Internet fündig geworden ist, raten wir ganz dringend zu der oben beschriebenen Qualitätsprüfung, denn die Herkunft des gefundenen Materials lässt sich ja nicht zurückverfolgen, und absolut seriöse Quellen mit objektiv fundierten Aussagen stehen völlig gleichberechtigt neben obskurem Propagandamaterial und Schlimmerem.
Die tabellarische Übersicht auf S. 39 versucht, dir Strukturierungshilfen zu geben und Unterschiede zur traditionellen Recherche zu skizzieren.

Suchmaschinen und Meta-Suchmaschinen

Die gebräuchlichste und verbreitetste Art, das Internet für die Informationsbeschaffung zu nutzen, ist die Suche über eine **Suchmaschine** oder eine **Meta-Suchmaschine**. Hauptproblem bei dieser Recherche-Art ist die richtige Formulierung des Stichwortes, denn systematische Recherchen, wie sie im Sachkatalog einer Bibliothek möglich sind, bringen im Regelfall ebenso wenig wie die Suche mit grob zugeschnittenen Schlagwörtern, dafür ist die im Internet zur Verfügung stehende Informationsmenge viel zu groß. Der ungeübt Suchende gelangt daher immer wieder in folgende Situation: Nach Eingabe eines recht groben Stichwortes zeigt die Suchmaschine viele Hunderte bis Tausende Ergebnisse an, für deren Durchsicht man Wochen bis Monate brauchen würde. Nach (zu genauer) Präzisierung des Begriffs und erneuter Suche ist das Ergebnis dann „Null Fundstellen" – und der Suchende ist so schlau wie zuvor. Daher solltest du die von fast allen Suchmaschinen angebotenen Hilfen zur Verbesserung der Suche nutzen:

- **„Sternchen-Suche":** Wenn man z. B. zum Thema „Wahlen" alle in Deutschland üblichen Wahlmodalitäten herausfinden möchte, braucht man nicht alle zusammengesetzten Begriffe wie „Bundestagswahl", „Kommunalwahl", „Wahlrecht" usw. nacheinander abzusuchen, sondern kann hinter den Hauptbegriff ein Sternchen (ohne Leertaste) setzen, also in diesem Beispiel „Wahl*".
- **„Plus-" und „Minus-Suche":** Wenn man zwei Begriffe durch ein Pluszeichen (ohne Leertaste) zusammenfügt, zeigt die Suchmaschine nur diejenigen Fundstellen an, in denen beide Begriffe vorkommen – man hat also schon eine gute Vorauswahl. Ähnliches gilt für die Minus-Suche, mit der man gezielt Aspekte ausschließen kann. Konkret für das Wahlbeispiel: „Wahl+System" zeigt alle Fundstellen an, die sich mit den existierenden und/oder möglichen Wahlsystemen befasst, „Wahl-System" schließt eben diese Quellen aus und zeigt alle anderen zum Thema Wahl.

- **Suche mit Anführungszeichen:** Sie fasst mehrere Wörter so zusammen, dass die Suchmaschine sie wie einen festen Begriff behandelt. Wenn man z. B. nur zum Bundestagswahlkampf des Jahres 2002 recherchieren möchte, kann man „Bundestagswahlkampf 2002" eingeben und schließt damit alle anderen Materialien zum Thema Wahlkampf aus.

Die zur Zeit bekanntesten **Suchmaschinen** sind:

- www.google.de
- www.yahoo.de

Meta-Suchmaschinen funktionieren nach dem gleichen Prinzip, sind aber den einfachen Suchmaschinen übergeordnet und verwerten deren Vorarbeit. Sie sind unseren Erfahrungen nach dann von Vorteil, wenn man ein wirklich „exotisches" Thema bzw. Stichwort bearbeitet, für das einzelne Suchmaschinen nichts hergeben.

Meta-Suchmaschinen findet man unter:

- www.metager.de
- www.metacrawler.de

Datenbanken, Archive und Kataloge

Gerade die Archive der großen deutschen Tages- und Wochenzeitungen und -zeitschriften haben den Vorteil, verlässliches und seriöses Material in gut aufbereiteter und systematisierter Form bereitzuhalten, aber – leider – kostet ihre Benutzung zumindest teilweise Gebühren, die sich leicht zu größeren Summen addieren können. Im Regelfall findest du die Archive unter der Abkürzung oder dem Namen der Zeitung, also z. B. für die „Frankfurter Allgemeine Zeitung" www.faz.net und für den „Spiegel" www.spiegel.de.

Gleiches gilt für Internet-Datenbanken, deren Benutzung größtenteils gebührenpflichtig ist. Am bekanntesten ist www.genios.de.

Es gibt auch Datenbanken für die Recherche von Fachliteratur. Sofern diese die Buch- bzw. Zeitschriftentitel nur auflisten, muss man sich die Bücher in der Bibliothek, dem Buchhandel oder anderswo besorgen.

Kostenfrei dagegen sind Webadressen wie www.paperball.de oder www.paperboy.de, in denen ein Großteil der deutschen Tageszeitungen Informationen, die zu Sachgruppen zusammengefasst sind, anbieten.

News-Rooms, Chatten, E-Mailing

Eine für Schulen (und Universitäten) besonders reizvolle Form der „elektronischen Zusammenarbeit" stellen die **News-Rooms** dar, deren allgemeine Durchsetzung aber zur Zeit noch in den Kinderschuhen steckt. Sie sind ein virtuelles Informations- und Austauschforum, in dem z. B. Schüler verschiedener Schulen (im Prinzip sogar weltweit) gemeinsam an Referats- oder sonstigen Themen arbeiten, Thesen formulieren und austauschen, Quellentexte kommentieren oder auswerten usw.
Gegenüber unwillkommenen Besuchern sind diese Foren durch Zugangsberechtigungen und Passwörter geschützt, sodass die Schülerinnen und Schüler keine Angst zu haben brauchen, dass die Früchte ihrer eigenen Arbeit von Unbefugten ausgenutzt werden können. Wer sich ein Bild von Projekten dieser Art machen (oder auch dem eigenen Lehrer einen Tipp geben) möchte, kann im Internet nachschauen unter www.commsy.net.

Demgegenüber sind das Chatten und das Versenden bzw. Empfangen von E-Mails eher nebensächlich. Immerhin bietet die praktisch ohne Zeitverzögerung funktionierende E-Mail insbesondere dann, wenn man sich während der Arbeit an einem Referat unsicher ist, eine gute Möglichkeit, sich beim Lehrer zu vergewissern (zumindest dann, wenn auch der Lehrer über einen Internet-Anschluss verfügt).

Private Quellensammlungen

Die Auswertung privater Quellensammlungen für ein Referat ist gleichermaßen reizvoll wie riskant.

Ungeheuer reizvoll ist es natürlich für den Referenten, Materialien auszuwerten, die privaten Charakter haben, also einen selbst, die eigene Familie, die Vorfahren, die Nachbarschaft, den Stadtteil, die Stadt, den eigenen Verein usw. betreffen. Und sicher ist gerade dann, wenn die Zuhörer einen ähnlich persönlichen Bezug zu diesen Daten haben, das Interesse von vornherein größer als bei „unpersönlichen" Materialien. Wir raten aber dringend dazu, sich die folgenden Fragen genau und unvoreingenommen zu stellen, bevor man mit der häufig nicht unbeträchtlichen Arbeit beginnt:

- Ist das Material wirklich von **allgemeinem Interesse**, hat es also eine Aussagekraft, die über den rein persönlichen Bereich deutlich hinausgeht? Das Foto von Tante Martha vor dem im Krieg zerbombten Haus mag für einen selber ebenso viel Bedeutung haben wie die naturwissenschaftlichen Experimente, die Großvater Fritz vor 80 Jahren im Keller anstellte – aber ist dies wirklich von Interesse für alle diejenigen, die Tante Martha oder Onkel Fritz gar nicht kennen?
- Verletzt man durch die Veröffentlichung des Materials die **Persönlichkeitsrechte**, die Intimsphäre der betroffenen Personen? Hier sollte man auf jeden Fall einen gewissen Takt

wahren, auch dann, wenn die betroffenen Personen vielleicht schon lange tot sind. Du solltest dir ganz ernsthaft die Frage stellen, ob du selbst einer Veröffentlichung ähnlichen Materials über dich in vielleicht 80 Jahren zustimmen würdest.

Vor- und Nachteile der unterschiedlichen **Recherchequellen** im Überblick:

Art der Suche	Beispiel	Recherche über Bibliotheken usw.	Recherche über das Internet
umfassende fachliche Information	Globalisierung der Weltwirtschaft	Enzyklopädien, Fachliteratur, Fachzeitschriften	Stichwortsuche über Suchmaschinen
Einzelfakten	Übersetzung/Erläuterung eines Begriffes	Wörterbuch	allgemeine oder spezielle Suchdienste
Primärliteratur und Sekundärliteratur	ein Gedicht (z. B. J. v. Hoddis „Weltende" und Interpretationen dazu)	Bibliotheksbestand, Bibliografien, Buchhandel	Volltextarchive, spezielle Suchdienste
biografische Informationen	z. B. zum Leben Franz Kafkas	biografische Nachschlagewerke	spezielle Suchdienste, kommerzielle Angebote
Informationen zu aktuellen Ereignissen	z. B. Kontroverse um die Trennung von Amt und Mandat bei den Grünen	Zeitungen, Zeitschriften, Nachrichten in Radio und Fernsehen, Talkshows	Online-Angebote der Presse (z. T. gebührenpflichtig), spezielle Suchdienste wie Paperball
kommunikative/diskursive Informationen	Diskussionen/Meinungsaustausch zu wichtigen Ereignissen oder Tendenzen	persönlich, brieflich, offene Briefe usw.	Foren, Newsgroups, Chatrooms
audiovisuelle Informationen	z. B. Dias oder Filme zu erdkundlichen Themen	Schul- oder Stadtbücherei, Archive, Fernsehen, Fachzeitschriften, CD-ROMs	spezielle Suchdienste

Recherchemedien

Bücher

Wie schon im Abschnitt über Büchereien und Bibliotheken gesagt, haben Bücher etwas Abschreckendes, vor allen Dingen dann, wenn sie in langen Regalreihen stehen. Daher möchten wir an dieser Stelle noch einmal wiederholen: Es kann und wird nur im Ausnahmefall sinnvoll sein, ein ganzes Buch für die Referatsvorbereitung von der ersten bis zur letzten Seite durchzulesen. Diese Komplettlektüre können wir wirklich nur dann empfehlen, wenn das Buch eine umfassende Grundsatzinformation bietet, die man bisher noch nicht hatte. Im Regelfall aber wird man sich aus dem sehr ausführlichen Material, das ein Buch enthält, das heraussuchen, was man für das Referat wahrscheinlich braucht – z. B. Hintergrundinformationen, Zusatzmaterialien oder auch aktuelle Fallbeispiele.

Zwei sich ergänzende Techniken sind hilfreich:

- Die sorgfältige Analyse des **Inhaltsverzeichnisses** liefert häufig schon die notwendigen Vorinformationen zur Auswahl dessen, was man wahrscheinlich benötigt.
- Die meisten Sachbücher haben am Ende ein **Schlagwortverzeichnis** mit der jeweiligen Seitenangabe. Auch hier kann die Durchsicht schnell zu Ergebnissen führen.

Die verschiedenen Lesetechniken, die man benötigt, um schnell und effektiv Informationen aus Büchern und anderen Texten zu entnehmen, werden auf den Seiten 57–61 genau beschrieben und erläutert.

Quellentexte

Quellentexte finden sich größtenteils in Archiven, und wie schon in dem entsprechenden Abschnitt gesagt, waren diese Texte im Regelfall ursprünglich nicht für die Veröffentlichung bestimmt. Das bedeutet also, dass der Verfasser des jeweiligen Quellentextes keinerlei Interesse daran hatte, seinen Text einem Publikum gegenüber verständlich zu formulieren. Er verband mit dem Schreiben zudem ganz sicher keine informierende oder gar belehrende Absicht! Wer sich über diese grundsätzliche Bedingung nicht im Klaren ist, wird sich unter Umständen viel Ärger einhandeln, denn Quellentexte sind häufig schwer verständlich, setzen viele Detailkenntnisse über das Fachgebiet voraus, arbeiten mit einem recht speziellen Fachvokabular oder – noch schlimmer – mit Abkürzungen, die dem Schreiber selbstverständlich waren, heute aber unter Umständen völlig unverständlich sind. Beim Eintreten dieser Umstände lautet unser Tipp: Unbedingt den Archivar/die Archivarin fragen! Normalerweise kennt er bzw. sie sich mit Fachwörtern, Abkürzungen etc. gut aus und hilft sicher gerne.

Diese „Hürden" bei der Archivarbeit sollten aber keinen abschrecken, der so etwas plant, denn den Schwierigkeiten steht ein Vorteil gegenüber, den man gar nicht hoch genug einschätzen kann: Es ist nämlich immer eine wirklich spannende Sache, in originalen Quellentexten zu lesen – eine authentischere Methode zur Erforschung der Vergangenheit gibt es nicht!

Fachzeitungen und -zeitschriften

Wie schon im Abschnitt über Bibliotheken skizziert, solltest du bei der Referatsrecherche nicht nur nach Büchern schauen, sondern auch Aufsätze in allgemeinen Zeitschriften und in Fachzeitschriften ins Auge fassen. Zeitschriftenaufsätze sind viel kürzer als Bücher zum entsprechenden Thema, sie sind daher viel geraffter und konzentrierter und sie kommen schneller zum eigentlichen Thema. Wenn es sich um Beiträge in allgemeinen Zeitungen oder Zeitschriften handelt, sind diese meistens recht aktuell und von daher eine gute Informationsquelle. Bei Fachzeitschriften kann es einem allerdings leicht passieren, dass der Artikel zu spezifisch ein ganz bestimmtes, spezielles Thema abhandelt, das so sehr in die Tiefe geht bzw. so viel an **Spezialkenntnissen** voraussetzt, dass die gebotenen Informationen für

ein Referat in der Schule unbrauchbar sind. Dieses gilt im Regelfall für alle echten wissenschaftlichen Publikationen.
Es gibt aber auch eine ganze Reihe von Zeitschriften für eine ganz spezielles Lesergruppe (etwa für „Computerfreaks“), die allein von dem benutzten Fachvokabular her für jemanden, der nicht zu diesen Kreisen zählt, weitgehend unverständlich sind.

Auf der anderen Seite stehen **populärwissenschaftliche Zeitschriften** wie Spektrum, Kosmos, Geo u. a., die häufig klar strukturierte und verhältnismäßig einfach geschriebene Artikel enthalten, aus denen man sehr gut Grundsatzinformationen oder auch Detailwissen herausziehen kann.

Computersoftware

Mittlerweile gibt es eine große und schon fast unübersehbar werdende Menge an CDs, die **interaktive Informationen** zu bestimmten Themenbereichen aller unserer gegenwärtigen Schulfächer liefern. Teilweise gibt es schon Kataloge in Stadt- und anderen Büchereien, zum größten Teil aber muss man sich über die Werbung der entsprechenden Verlage informieren und sich die CDs auch selbst kaufen. Es werden in letzter Zeit aber auch verstärkt von Banken und anderen Wirtschaftsorganisationen CDs mit entsprechenden Themen (z. B. Wirtschaftskreislauf, Börsen, internationaler Handel, Globalisierung …) kostenlos in Umlauf gebracht. Schulen bekommen in der Regel Exemplare zugeschickt, daher solltest du deine Lehrkraft oder die Verwaltung der Schulbücherei fragen, ob zu deinem Thema etwas auf CD vorhanden ist.

In der Substanz der Information unterscheiden sich CDs von entsprechenden Büchern nach unseren Erfahrungen weniger durch den Inhalt als durch den Aufbau: Ein Buch liegt quasi „fertig“ vor einem und es macht keinen Sinn, die Bindung aufzuschneiden, die Seiten anders und neu zu ordnen oder zu zerschneiden. Demgegenüber kann jeder CD-Benutzer aufgrund des **Linksystems** mehr oder weniger beliebig zwischen Texten, einzelnen Textbausteinen, Grafiken, Zusammenfassungen, Hintergrundinformationen usw. hin- und herwechseln und so dasjenige lesen oder sich ansehen, was ihn im Moment am meisten interessiert. (Dies ist die Bedeutung des Wortes „interaktiv".) Dies hat dann Vorteile, wenn man nur ganz bestimmte Aspekte eines Themas herausgreifen oder vertiefen will. Wenn es allerdings um das Erlangen umfassender Grundsatzinformationen geht, würden wir jederzeit ein Buch vorziehen, um so mehr, als das **Infotainment** – also die Unterlegung mit Musik, Geräuschen, sich bewegenden Grafiken usw. – Zeit (und so manchen auch Nerven) kostet.

Über die Möglichkeiten des Buches deutlich hinaus gehen CDs dann, wenn die Qualitäten des Rechners gefordert sind, es also beispielsweise um Simulationen geht, deren Ablauf und Ergebnis man durch die Eingabe bestimmter Ausgangsparameter beeinflussen kann.

Audiovisuelle Medien

Sowohl Fernseh- und Rundfunksendungen als auch (Video-) Filme sind grundsätzlich als Informationsquellen für Referate geeignet, nur sollte man die Hoffnungen an diese Bild- und Tonträger nicht zu hoch schrauben: Als Quelle zur eigenen Information sind sie im „Handling“ eher wenig effektiv, da sich die Erschließung detaillierter Einzelinformationen in der Regel als zeitraubend und umständlich erweist. Dies gilt zumindest dann, wenn man die Sendung bzw. den Film ausschließlich für die eigene Information nutzen will. Falls man schon ins Auge gefasst hat, dies Medium auch bei der Präsentation des eigenen Referates unterstützend zu nutzen, ist das natürlich etwas anderes und man kann evtl. sogar „zwei Fliegen mit einer Klappe schlagen“. Diejenigen, die so etwas planen, verweisen wir auf die Seiten 115/116.

Wer Videos, Filme, Fernseh- oder Rundfunksendungen zur eigenen Information und/oder zur Präsentation nutzen will, sollte auf jeden Fall zunächst beim mehrmaligen Durchgucken bzw. -hören eine **protokollarische Übersicht** (mit Angabe der Zählwerksstelle) anfertigen, um bestimmte Stellen später schnell wiederfinden zu können. In die Übersicht sollten kurze Inhaltsangaben oder zumindest Stichworte zum Inhalt des jeweiligen Abschnittes bzw. der Szene hinein, auch eigene Wertungen wie zum Beispiel ein Pluszeichen für „brauchbar“, ein Ausrufungszeichen für „wichtig“ usw. – hier wird jeder schnell sein eigenes System entwickeln.

Für die eigene Informationsgewinnung, aber auch für eine evtl. Präsentation kann es darüber hinaus wichtig sein, Teile des Films bzw. der Sendung zu protokollieren, also wortwörtlich abzuschreiben. Das ist mühsam und umständlich, nach unseren Erfahrungen oft aber notwendig, sei es, um eine eindeutige schriftliche Grundlage für die spätere Ausarbeitung des Referates zu haben, sei es, um im Falle einer Präsentation den Zuhörerinnen und Zuhörern beispielsweise den genauen Text eines Abschnittes als Arbeits- oder Diskussionsgrundlage für eine spätere Unterrichtsstunde per Kopie geben zu können.

Eigene Erhebungen

Methodische Überlegungen

Es ist ausgesprochen reizvoll, die Informationen, aus denen sich ein Referat zusammensetzt, selbst „vor Ort“ zu erforschen oder experimentell herauszufinden und sich nicht nur auf schon vorhandene, fertige Materialien zu stützen. Und es ist auch immer dem Lehrer/der Lehrerin gegenüber von Vorteil, wenn man nachweisen kann, dass man sich viel Mühe und Arbeit gemacht hat, zu dem sich jeder Verdacht des **Plagiats**, das man aus dem Internet gezogen hat (↗ S. 34), automatisch verbietet. Wenn es sich also vom Thema her ergibt und man mit dem Lehrer abgesprochen hat, das Referat ganz oder teilweise auf eigenen Untersuchungen aufzubauen, kann es gleich losgehen!
Hinzu kommt ein arbeitsökonomisch angenehmer Aspekt: Wenn man eigene Erhebungen und/oder Experimente zur Informationsbeschaffung plant, sollte man von vornherein auch eine mögliche Verwertung bei der Präsentation ins Auge fassen!
Eine wichtige Vorüberlegung für die **Vor-Ort-Forschung** halten wir für unumgänglich: Du solltest dir vor Beginn der Erhebungen darüber im Klaren sein, ob diese eher in die Breite oder in die Tiefe gehen sollen. Fachleute aus dem Bereich der Sozialforschung sprechen von **quantitativen** und **qualitativen Methoden**, und wir halten es für wichtig, den Unterschied nachfolgend zu erläutern.

Quantitative Methoden

Sie gehen in die Breite, d. h., ihr Ziel ist es, einen möglichst einfach vergleichbaren Datensatz von einem möglichst großen Personenkreis zu erhalten. Quantitative Methoden erfordern ein weitgehend standardisiertes Vorgehen, sodass die Auswertung großer Datensätze einfach und schnell vonstatten geht – im Regelfall mithilfe des Computers. Dies geht am einfachsten und in der Auswertung am schnellsten mit den **Multiple-Choice-Verfahren**: Zu einer Frage gibt es drei, vier, fünf mögliche Antworten, der Befragte braucht nur die ihm passende anzukreuzen. Ein bisschen aufwändiger, aber ebenfalls leicht auswertbar sind Verfahren mit „geschlossenen" Fragen (↗ S. 120–121), die eindeutige und leicht kategorisierbare Antworten erlauben.

Die Instrumente einer quantitativen Erhebung sind der Fragebogen (mit Multiple-Choice- oder geschlossenen Fragen) sowie das hochstandardisierte, geschlossene Interview (ein mündlich abgefragter Fragebogen, den der Interviewer/die Interviewerin in Form eines Leitfadens der Interviewperson vorträgt).

Qualitative Methoden

Diese gehen eher in die Tiefe: Ziel ist nicht die Befragung eines möglichst großen Personenkreises, sondern die vertiefte Analyse von Einzelfällen, die natürlich im Idealfall repräsentativ für eine größere Gruppe sein sollten.

Die hauptsächlichen Vorgehensweisen bei qualitativen Methoden sind die teilnehmende Beobachtung, bei der der „Forscher" bzw. die „Forscherin" ausführlich Sachverhalte beobachtet, ohne selbst direkt aktiv zu werden, sowie die offenen Fragen (↗ S. 120), die eben keine standardisierte Antworten voraussetzen, sondern im Gegenteil zum Erzählen, zum Schildern typischer Situationen anregen sollen.

Die Instrumente einer qualitativen Erhebung sind daher das offene Interview, bei dem der Interviewer/die Interviewerin allenfalls einen lockeren Leitfaden hat und bei dem es darum geht, die Interviewperson durch möglichst offene Fragen zum

Reden zu bringen, sowie die Fallstudie, bei der durch die Analyse eines (oder weniger) Fälle Erkenntnisse gewonnen werden.

Fragebogen

Klar ist, dass ein Fragebogen weder rhetorische noch Schein- und Suggestivfragen (↗ S. 122) enthalten darf, sondern jede Frage mindestens zwei echte, alternative Antworten ermöglichen muss, da man ansonsten von einer wirklichen Datenerhebung nicht sprechen könnte.

Darüber hinaus solltest du bei der **Formulierung eines Fragebogens** folgende Aspekte beachten:

- Welche Aspekte des Themas berührt die Frage?
- Sind die Fragen so knapp, dabei aber auch so eindeutig wie möglich formuliert?
- Sind Fragen überflüssig, weil sie nichts direkt mit dem Thema zu tun haben oder in anderen Fragen des Fragebogens schon enthalten sind?
- Haben die Fragen eine sinnvolle Reihenfolge?
- Sind sie so gestellt, dass eine leichte (standardisierte) Auswertung möglich ist?
- Sind im Falle eines Multiple-Choice-Bogens die vorgegebenen Antworten und die Abstufung sinnvoll?
- Ist die Anzahl der Fragen nicht so groß, dass der/die Befragte die Lust am Ausfüllen verliert?

Weitere Tipps und Beispiele für Fragebogenaktionen sowie eine Einführung in das speziell für Unterrichtszwecke entwickelte Programm GrafStatWin findest du im Internet unter: www.learn-line.nrw.de/angebote/neuemedien

Interview

Das Interview als Erhebungsmethode erfreut sich auch in der Schule zunehmend großer Beliebtheit – und das mit Recht: Kaum ein anderes Verfahren liefert so problemlos und mit ver-

gleichsweise geringen Aufwand Daten, deren „Echtheit“ außer Frage steht, da ja die „originalen“ Äußerungen der Interviewten den Grundstein der Untersuchung bilden.
Das Interview ist ein ideales Erhebungsverfahren, um das Alltagsbewusstsein der Interviewten und die ihm zugrunde liegenden Erfahrungen sprachlich zu erfassen, denn die Interviewperson kann und soll in ihrer Alltagssprache reden.

Ausgesprochen wichtig für ein Gelingen von Interviews ist allerdings, dass der Interviewer sich vorher darüber im Klaren ist, ob er ein rein **informatives Interview** plant, bei dem es ausschließlich darum geht, von dem Befragten Informationen zu erhalten, oder ob es sich – zumindest in Teilen – um ein **konfrontatives Interview** handelt, in dessen Verlauf der Befragte zu persönlichen Stellungnahmen gebracht werden soll.
Die erste Interviewform verläuft eigentlich immer völlig unproblematisch, da es wohl kaum einen Menschen gibt, der nicht gerne sein Wissen ausbreitet; die zweite dagegen kann für den Interviewer ausgesprochen heikel werden, etwa dann, wenn der Befragte sich weigert, Stellung zu nehmen oder vielleicht sogar beleidigt oder aggressiv reagiert. Hier heißt es, Takt zu entwickeln und gut vorbereitet zu sein! Lawrence Kohlberg, ein amerikanischer Wissenschaftler, der im Laufe seines Forscherlebens Tausende von konfrontativen Interviews durchgeführt hat, formulierte als Leitspruch für diese Art von Interviews: „Ein guter Interviewer reizt und provoziert sein Gegenüber gerade so weit, dass dieser zwar wütend wird und zum Widerspruch greift, aber nicht anfängt zu blockieren.“

Das geschlossene, weitgehend standardisierte Interview
Solche Abfrageverfahren mithilfe von Fragekatalogen haben den unleugbaren Vorteil, schnell große Datenmengen zu bekommen, die in der Regel auch leicht auszuwerten sind.
Der Übergang zur Befragung per Fragebogen ist fließend, der persönliche Kontakt nicht oder kaum notwendig. Meinungsforschungsinstitute haben z. B. seit längerem eine bestimmte Form von **Telefoninterviews** entwickelt, bei denen die Interviewten nur angerufen und mit einigen wenigen, geschlossenen Fragen konfrontiert werden.

Offene Interviewformen
Folgende Grundlagen gelten für alle Formen des offenen Interviews:

- Der **persönliche Kontakt** zwischen Interviewer und Interviewtem ist wichtig für ein Gelingen des Interviews, da dessen Ablauf weitgehend unstrukturiert ist und wesentlich vom Verhalten des Interviewten bestimmt wird. Alle „unpersönlichen" Formen scheiden daher von vornherein aus.
- Je besser das **Vertrauensverhältnis** zwischen den Partnern, desto entspannter die Atmosphäre und damit die Redebereitschaft des Interviewten.
- Die **Kunst des Fragenden** besteht zu einem guten Teil aus der Fähigkeit zur Einfühlung in den Befragten, er muss in der Lage sein, diesen zum Reden zu ermuntern, ohne ihn allerdings durch Suggestivfragen in eine bestimmte Richtung zu lenken. Die Fragen müssen „offen" gestaltet werden, sie sollen animieren, ohne Antworten bereits vorzugeben und dürfen ggf. auch leicht provozieren.
- Auch bei offenen Interviewformen sollte vorher ein **Leitfaden** entwickelt und schriftlich festgehalten werden. Allerdings sollte dieser im Gegensatz zum völlig standardisierten Verfahren offene Fragen enthalten und nicht einfach „abgearbeitet" werden, sondern flexibel und in sinnvoller Art den Hintergrund des Gesprächs bilden.

Die offenste Form der Befragung ist das **narrative Interview** (von lateinisch *narrare* = erzählen), denn hier hat fast ausschließlich der/die „Befragte“ das Wort. Den Hauptteil des Interviews soll eine vom Interviewer/der Interviewerin nicht unterbrochene freie und spontane Erzählung bilden, erst gegen Ende, wenn die „Erzähllust“ des Interviewten abgeflaut ist, können klärende oder vertiefende Fragen gestellt werden.
Das narrative Interview macht sich die (wissenschaftlich erwiesene) Tatsache zunutze, dass Menschen in der Regel in dem Augenblick, in dem sie mit einer offenen Eingangsfrage zu einem sie interessierenden Thema konfrontiert werden, mit dem Erzählen einer „runden“ Geschichte antworten und evtl. dabei Dinge sagen, die sie sonst nicht so ohne weiteres äußern würden.

Übersicht über Befragungsverfahren		
standardisiert	**teilstandardisiert**	**offen**
Multiple-Choice-Fragebogen	teilweise vorbereitetes Interview	narratives Interview (Anregung zum freien Erzählen)
strukturiertes „Frage-Antwort-Frage“-Interview (z. B. auf der Straße oder am Telefon)	problemzentriertes Interview (offener Leitfaden, der verändert/ oder weggelassen werden kann)	offene Eingangsfrage (Interviewperson antwortet mit Geschichte)

Fallstudie
Auch ist der Übergang fließend, denn gerade die offenen Interviewformen können natürlich auch im Rahmen einer Fallstudie angewandt werden.

Zu einer Fallstudie gehört aber mehr als ein Interview:
- **Quellenrecherchen** (z. B. in einem Archiv)
- **Recherchen** (z. B. durch Befragungen) in der Umgebung des „Studienobjektes“
- die **„teilnehmende Beobachtung“** vor Ort über einen gewissen Zeitraum

Gerade die Methode der **teilnehmenden Beobachtung** ist für Fallstudien typisch. Sozialwissenschaftler sprechen auch von Feldforschung (im Gegensatz zur Laborforschung), d. h. der/die Forschende geht selbst „ins Feld". Die extremsten Beispiele für die Feldforschung stammen von Völkerkundlern – so hat z. B. ein Forscher, der sich mit den Kopfjägern auf Neuguinea beschäftigt hat, selbst jahrelang als Stammesmitglied (und Kopfjäger) unter den Eingeborenen gelebt, um sich wirklich in die Welt dieser Menschen einfühlen zu können. Das erwartet natürlich niemand von einem Schüler/einer Schülerin, der/die ein Referat vorbereitet! Dennoch gibt es ein paar Gemeinsamkeiten:

- Beobachtende bzw. Forschende müssen vertraut mit den zu beobachtenden Menschen werden, um nicht als „Fremdkörper" den Beobachtungsprozess zu behindern – und das dauert seine Zeit. Wer „Feldforschung" betreiben will, muss also entsprechend großzügig und langfristig planen sowie auch innerlich einen „langen Atem" haben. Erfolg stellt sich nicht auf Anhieb ein und lässt sich zeitlich sehr schwer einkalkulieren.
- Die Beobachtungen müssen systematisch anhand eines vorher angefertigten Rasters erfolgen und am besten möglichst schnell schriftlich festgehalten werden.
- Dieses vorher aufgrund von Vorerwartungen formulierte Raster muss so flexibel sein, dass man es während der Beobachtung verändern und den vielleicht anders als erwartet strukturierten Realitäten anpassen kann.
- Deinem „Studienobjekt" solltest du vor der Veröffentlichung die Ergebnisse zur Genehmigung vorlegen – immerhin hat der-/diejenige dir einen Vertrauensvorschuss gegeben.

Experiment

Gegenstand eines Experimentes sind in der Regel nicht Menschen oder andere Lebewesen, sondern Dinge im weitesten Sinne. Das Experiment wird daher wohl beinahe ausschließlich bei naturwissenschaftlichen Referaten als Recherchemethode sinnvoll durchgeführt werden. Allenfalls im Fach Erdkunde, das

ja naturwissenschaftliche Aspekte hat, könnten ebenfalls Experimente eingesetzt werden.
Im sozialwissenschaftlichen Bereich, d. h. „mit Menschen“ zu experimentieren, halten wir nicht nur für ethisch bedenklich (Wer ist schon gerne Versuchskaninchen?), sondern auch für viel zu unsicher, denn Menschen reagieren nun einmal oft spontan und entgegen den Erwartungen.

Das Wort Experiment kommt aus dem Lateinischen und bedeutet ursprünglich „versuchen, prüfen, erproben“, es ist die Tüftlermethode schlechthin: Eine Frage stellt sich, etwas, das man nicht erklären kann, taucht auf – und man greift nicht zu einem Buch, um sich eine Erläuterung vorsetzen zu lassen, sondern will es selber ausprobieren, will durch die eigene Tätigkeit am konkreten Einzelfall zu Erkenntnissen gelangen.
Drei grundlegende Bedingungen muss der Experimentator/ die Experimentatorin erfüllen:

- Das Experiment folgt einem bestimmten **Ablaufschema** – Vermutungen werden formuliert, ein Versuchsaufbau, der diese Vermutungen bestätigen (oder widerlegen) kann, wird erdacht und erbaut, und schließlich wird das Experiment durchgeführt.
- Das Experiment muss **nachvollziehbar** sein – jeder andere, der das gleiche Experiment unter den gleichen Bedingungen durchführt, muss zu identischen Ergebnissen gelangen.
- Die Ergebnisse müssen genau mit den vorher formulierten Vermutungen **abgeglichen** werden. Störende Faktoren, die das Ergebnis verfälscht haben, müssen beseitigt und das Experiment in diesem Falle wiederholt werden.

2.2 Informationen auswerten und bearbeiten

Katalogisieren

Karteikartensysteme

Karteikarten sind nach wie vor die gebräuchlichste und am wenigsten aufwändige Art, größere Informationsmengen zu ordnen und zu verwalten. Sie sind zudem preiswert und für die Aufbewahrung und Ordnung reichen entsprechend große Pappkartons völlig aus. Bevor du aber einen Karteikasten anlegst, solltest du dir sehr genau überlegen, was du mit dieser Katalogisierungsmethode erreichen willst. Von diesen Vorüberlegungen hängt viel ab, und je mehr Sorgfalt man in sie investiert, desto mehr überflüssige Arbeit bleibt einem später erspart!

1. Vorüberlegung: Größe der Karteikarten

- Sollen die Karteikarten **längere Exzerpte oder Inhaltsangaben** von Quellentexten enthalten?
- Geht es eher um **Stichwortsammlungen**?
- Sollen lediglich **bibliografische Daten** (Autor, Titel, Signatur usw.) festgehalten werden?

Von dieser grundsätzlichen Entscheidung ist die Größe abhängig: Für den ersten Fall unbedingt die größten Karten (DIN A5 = 21 × 14,8 cm) verwenden (oder gleich einen DIN-A4-Ordner mit einem entsprechenden Register nehmen), für Fall zwei reicht das Format DIN A6 (14,8 × 10,5 cm), für die dritte Alternative auch DIN A7 (10,5 × 7,4 cm).

2. Vorüberlegung: Ordnungskriterien

Fast noch wichtiger als die Größe ist die Frage, nach welchen formalen und inhaltlichen Merkmalen du deine Kartei systematisieren willst. Da die **inhaltlichen Kriterien** vom jeweiligen Thema abhängen, hier die wichtigsten formalen Systematisierungsmöglichkeiten:

- **Farbe:** Es gibt sechs handelsübliche Farben und du solltest die Farben z. B. bestimmten Themenbereichen deines Referates zuordnen. Man kann aber natürlich auch methodisch ordnen: Eine Farbe für Exzerpte, eine für eigene Ideen, eine für Kritikpunkte, eine für mögliche Visualisierungen (↗ S. 110–116) usw.
- **Register oder aufklemmbare Reiter:** Beide ermöglichen eine rasche Orientierung bei der Suche oder der Einordnung neuer Informationen. Man kann schlicht und einfach alphabetisch ordnen (insbesondere dann sinnvoll, wenn man auf A7-Karten nur bibliografische Daten sammelt), aber auch nach ganz anderen, durch das Sachgebiet des Referates vorgegebenen Kriterien vorgehen.

Wir möchten allerdings davor warnen, die Ordnungswut zu übertreiben! Wir haben schon erlebt, dass Schüler so viele Ordnungskriterien aufgestellt haben, dass sie sich am Ende selber nicht mehr zurechtfanden. Wer z. B. 100 Karteikarten nach 40–50 Kriterien ordnet, darf sich nicht wundern, wenn das System völlig ineffektiv ist. Also über den Daumen gepeilt: Bei mehr als einem Dutzend **Ordnungskriterien** bedarf es schon einiger Übersicht, um das System noch zu bewältigen.

3. Vorüberlegung: Kartengestaltung

Die letzte Vorüberlegung betrifft die Gestaltung der einzelnen Karte. Du solltest dir die äußere Gestaltung der Karteikarten vorher sorgfältig überlegen und dann nach einem **festen Schema** vorgehen. Das folgende Beispiel für eine DIN-A5-Karte zum Exzerpieren soll dazu anregen (↗ Abb. S. 55):

- oben rechts oder links ein **Schlagwort**, das die Suche beschleunigt und erleichtert (wie eine Schlagzeile in der Zeitung);
- daneben die genaue **Fundstelle der Quelle**. Wir empfehlen, hier wirklich exakt zu arbeiten, denn nichts ist ärgerlicher und zeitraubender, als später eine schlampig recherchierte Quelle erneut zu suchen (↗ „Zitieren“, S. 64–67);

- dann das eigentliche **Exzerpt** (Regeln dazu ↗ S. 61–63). Wer mag, kann links oder rechts daneben (unter das Schlagwort) noch einmal zentrale Begriffe notieren.

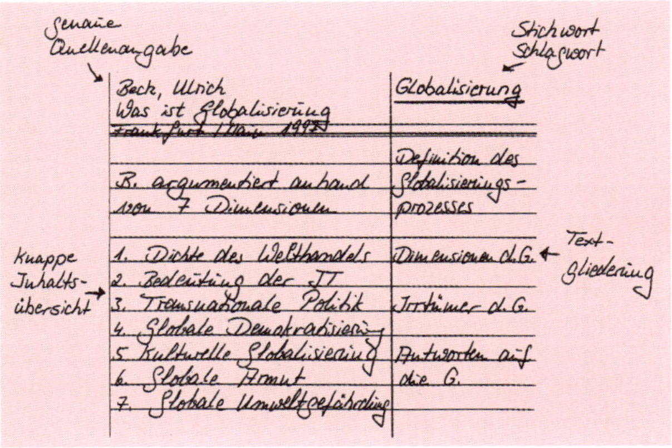

Pinnwände und sonstige Zettelsysteme

Pinnwände, Flipcharts, Wandzeitungen, Tafeln usw. haben gegenüber dem Karteikasten einen großen Vor- und einen ebenso großen Nachteil:

- **Nachteilig** ist die im Vergleich zum Karteikasten doch relativ begrenzte Menge der verwaltbaren Informationen – der Schritt von der Ordnung zum Chaos ist z. B. an der Pinnwand schnell erreicht (und spätestens dann überschritten, wenn Zettel halb oder ganz übereinander hängen).
- Der **Vorteil** liegt in der optisch übersichtlichen und strukturierten Gestaltung, die selbst schon das Ergebnis vorhergehender Erschließungsarbeiten sein kann! Gleichgültig, ob man die Pinnwand eher von links nach rechts und von oben nach unten strukturiert oder wie eine Mindmap (↗ S. 63–64) anordnet – die entstandene Struktur befördert den weiteren Arbeitsprozess.

Der Vorteil der Pinnwand gegenüber Wandtafeln, -zeitungen, Plakaten und Flipcharts ist, dass die entstandene Ordnung jederzeit verändert und den Arbeitsbedingungen neu angepasst werden kann, indem die einzelnen Zettel gegen neue ausgetauscht bzw. untereinander vertauscht werden können.

Insbesondere dann, wenn du das Referat nicht alleine, sondern in einer Gruppe herstellt, kann die Pinnwand, die Tafel usw. auch noch andere Funktionen übernehmen:

- Sie kann zur **Ideensammlung** oder zum **Brainstorming** genutzt werden.
- Sie kann **Planung** und **Organisation** der gemeinsamen Arbeit erleichtern.
- Sie kann als **zentrales Organisationsinstrument** eingesetzt werden, auf dem die Arbeitsteilung („Wer macht was?"), die Zeitplanung („Was muss bis wann fertig sein?"), die Beschaffung der benötigten Materialien usw. festgehalten wird.
- Sie kann als **Ergebnissicherung** die wichtigsten Details festhalten.

Elektronische Datenbanken im Computer oder Organizer

Im Prinzip sind elektronische Datenbanken nichts anderes als **virtuelle Karteikästen**, was schon am Design deutlich wird, denn ohne die optische Anleihe an der simplen Karteikarte kommt kaum eine elektronische Datenbank aus. Gegenüber dem konventionellen Karteikasten hat die Datenbank aber einen Vor- und einen Nachteil:

- **Nachteilig** ist, dass man sich zunächst (mit einigem Aufwand) in solch ein Programm einarbeiten muss, bevor man seine Vorteile nutzen kann.
- Von **Vorteil** ist, dass die einmal eingegebenen Daten blitzschnell zur Verfügung stehen und man darüber hinaus mit einer Fülle unterschiedlicher **Suchoptionen** arbeiten kann – unter diesem Aspekt sind elektronische Datenbanken dem herkömmlichen Karteikasten „haushoch" überlegen.

In den neueren Office-Paketen von Microsoft z. B. ist ein Programm zur Erstellung von Datenbanken enthalten (Access), in das man sich aufgrund der Hilfsoptionen über die Funktionstasten relativ einfach einarbeiten kann. **Organizer** haben im Regelfall eine ähnliche Funktion. Auf der Basis von Access oder ähnlichen Programmen kannst du dir aus dem Internet spezielle Datenbank-Anwendungen herunterladen (am einfachsten über eine Suchmaschine mit dem Stichwort „Datenbank").
Du solltest dir aber genau überlegen, ob der Aufwand wirklich lohnt, denn bei einer überschaubaren Menge von Informationen ist man mit Papier (Karteikarte) und Stift oft schneller und effektiver. Erst dann, wenn es um wirklich große Datenmengen geht oder darum, diese Datenmengen immer wieder nach neuen Kriterien zu ordnen, ist der Einsatz einer elektronischen Datenbank wirklich sinnvoll.

Lesetechniken beherrschen

Vielleicht wird es dich verwundern, in einem Buch über Referate etwas zur Technik des Lesens zu finden, denn die Einübung dieser Fähigkeit gehört doch eigentlich in den Anfangsunterricht der Grundschule! Das ist auch soweit völlig richtig, aber hier geht es weder um den Prozess des Lesenlernens noch um das genussvolle Durchschmökern des Lieblingsromans, sondern um Techniken zur **Beschleunigung und Effektivierung der Informationsaufnahme**.

Fachleute haben herausgefunden, dass man mit einiger Übung den Informationsgehalt von Texten sehr viel schneller wahrnehmen kann, wenn man bestimmte Techniken anwendet. Die normale Lesegeschwindigkeit eines durchschnittlichen Lesers liegt bei etwa 200 Wörtern pro Minute, sie lässt sich ohne weiteres verdoppeln und verdreifachen. Man hat in ausführlichen Tests nachgewiesen, dass wir uns beim Lesen nämlich nicht ökonomisch verhalten und das Auge keineswegs gleichmäßig fließend über den Text gleitet, sondern immer wieder anhält bei Wörtern oder Wortgruppen und häufig sogar Wörter oder selbst ganze Zeilen zurückspringt. Vergleiche die nachfolgende Abbildung, die die Augenbewegungen beim Lesen verdeutlicht.

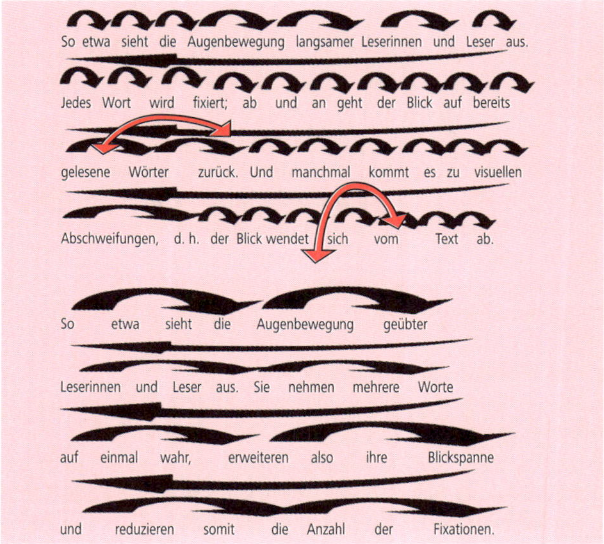

Diese **Fixationen** (so heißt das im Fachjargon) kann man ohne weiteres reduzieren und damit das Lesetempo enorm steigern, ohne dass Informationen verlorengehen. Alle Fachleute, die sich mit Lesetechniken beschäftigen, raten dazu, sich beim Einüben des Schnell-Lesens einer Lesehilfe zu bedienen, die die gerade zu lesende Zeile markiert – ein Stift, ein chinesisches Essstäbchen oder zur Not auch den Finger (also genau das zu tun, was Leseanfänger automatisch machen und sich erst später abgewöhnen).

Je mehr man in dieser Technik geübt ist, desto weniger Fixierungen braucht das Auge und desto mehr Wörter kann das Gehirn gleichzeitig aufnehmen!

Es ist übrigens inzwischen einwandfrei nachgewiesen, dass diese Technik am Computerbildschirm deutlich schlechter funktioniert als bei bedrucktem Papier und die Lesegeschwindigkeit deutlich (20%–30%) geringer ist. Du solltest daher nicht nur aus Gründen des Exzerpierens (↗ S. 61–63) und der Quellenüberprüfung (↗ S. 65–67) grundsätzlich überlegen, ob es sich nicht lohnt, einen gefundenen Internettext auszudrucken!

Grundsätzlich lassen sich drei verschiedenen Arten des Lesens unterscheiden:

1. Das punktuelle Lesen

Hier wird der Text nicht als Ganzes, sondern eher wie ein Mosaik betrachtet. Der Leser hat einzig das Interesse, einige für ihn wichtige Informationen zu erhalten – auf den logischen Aufbau, die Entwicklung der Argumentation und die Logik der Schlussfolgerungen kommt es ihm nicht an. Der Lektürevorgang wird daher auch immer wieder unterbrochen und an anderer Stelle des Textes fortgesetzt. Das ist natürlich sehr anstrengend, kann aber gerade dann, wenn man nur ganz bestimmte Informationen sucht, sehr effektiv sein.

Wenn es das punktuelle Lesen nicht schon gegeben hätte, hätte man es mit der Verbreitung des Internets direkt erfinden müssen, denn es eignet sich natürlich sehr gut für die Lektüre von **Hypertexten**, wie sie im Internet und auf CD-ROM üblich sind. Die fortlaufende Lektüre solch eines Hypertextes ist ja überhaupt nur möglich, wenn man sämtliche Links ignoriert. Macht man dagegen vom Angebot der Verlinkung per Mausklick Gebrauch, landet man in einem verzweigten Netz von Informationen und Daten mit ungewissem Ausgang und dem Fehlen jeglicher Systematik.
Um sich also per Hypertext einen ersten Überblick über ein Sachgebiet zu verschaffen, ist das punktuelle Lesen die richtige Technik.

2. Das diagonale Lesen

Das diagonale Lesen stellt diejenige Lesetechnik dar, die die oben beschriebene Beschleunig**ung der Informationsaufnahme** am weitesten treibt. Man nimmt sich ein Kapitel oder einen Abschnitt des Buches vor und überfliegt die Seiten mithilfe der slalomförmig über die Seiten gleitenden Lesehilfe, um so einen Überblick vom Inhalt des Kapitels zu erhalten.

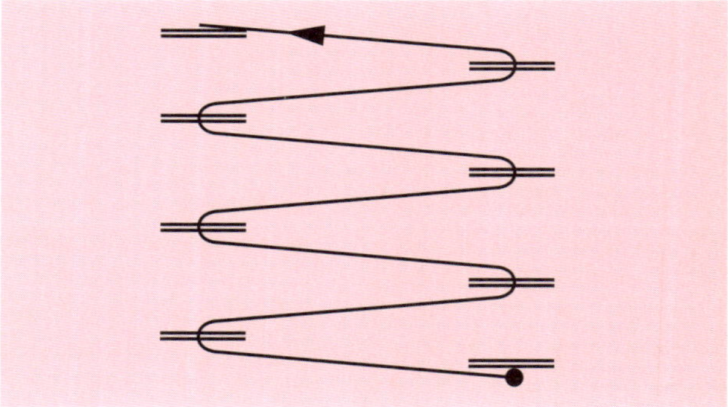

Auf diese Weise sollen über **Schlüsselwörter** die wichtigsten Informationen aufgenommen werden. Ziel des diagonalen Lesens ist es, einen Gesamtüberblick über einen Text, sein Thema und seine Details zu erhalten, um anschließend zu entscheiden, ob dieser Text für das Referat geeignet ist oder nicht. Falls du also eine Vielzahl von Texten zur Auswahl hast, die du beim besten Willen nicht alle intensiv bearbeiten kannst, eignet sich das diagonale Lesen wie keine andere Lesetechnik dazu, sich einen Überblick und damit eine **Entscheidungsgrundlage** zu schaffen.

Gleiches gilt natürlich auch innerhalb eines längeren Textes oder Buches: Mithilfe des diagonalen Lesens lassen sich unwichtige Passagen oder Kapitel aussondern. Das diagonale Lesen ersetzt natürlich nicht die intensive Lektüre des dann herausgesuchten Materials.

3. Das intensive Lesen

Um es gleich vorweg zu sagen: Der Übergang vom intensiven Lesen zum Exzerpieren bzw. Mindmapping ist fließend, und jeder muss selber entscheiden, wann er vom bloßen Lesen über das Unterstreichen zum eigenen Exzerpt bzw. zur Mindmap gelangt! Die Trennung in diesem Buch ist eine rein „analytische", um die einzelnen Arbeitsschritte genauer beschreiben und erläutern zu können.

Ziel des intensiven Lesens ist ein methodisch kontrolliertes und sachlich durchdachtes **Textverständnis**. Dies setzt auf der Seite des/der Lesenden voraus, dass

- die argumentative Struktur und der logische Aufbau des Textes erfasst werden,
- seine Hauptaussagen (Thesen) von den weniger wichtigen – evtl. sogar überflüssigen – Argumenten getrennt werden,
- die Intention (Absicht) des Textes klar geworden ist
- und man so schließlich zu einem begründeten Urteil gelangt.

Exzerpieren

Der vorher z. B. durch diagonales Lesen abgespeckte Text wird intensiv gelesen und es werden (sofort oder in einem zweiten Durchgang) alle wichtigen Aussagen unterstrichen.
Dieser *erste Arbeitsschritt* mag vielen banal klingen, nach unseren Erfahrungen aber tun sich viele Schülerinnen und Schüler selbst in der gymnasialen Oberstufe sehr schwer mit dem **Markieren**, und für die Mehrzahl ist es keineswegs eine Selbstverständlichkeit, sich grundsätzlich nur mit einem Bleistift oder Textmarker in der Hand an die Lektüre zu machen.
Die Kunst des Markierens und Unterstreichens besteht nun darin, die richtige „Menge" an Informationen zu kennzeichnen. Wir haben schon Schüler erlebt, die auch in einem längeren Text jedes einzelne Wort unterstrichen (und evtl. dabei auch noch mehrfarbig gearbeitet) haben! Das ist natürlich sinnlos, denn wer

einfach alles unterstreicht, hebt nichts mehr als besonders wichtig hervor und kann die ganze Prozedur auch gleich seinlassen. Das andere Extrem ist aber ebenso falsch: Wer pro Seite im Durchschnitt vielleicht nur ein oder zwei Wörter/Sätze anstreicht, dem entgeht eine Fülle von ebenfalls wichtigen Daten. Es ist natürlich sehr schwer, hier eine quantifizierende Vorgabe zu machen, weil dies doch sehr stark von der Länge und der Informationsdichte jedes Textes abhängt. Aber man kann ganz sicherlich sagen, dass derjenige, der durchschnittlich mehr als 50% anstreicht, zu viel des Guten tut – und damit ebenso unangemessen vorgeht wie derjenige, der im Durchschnitt bei deutlich weniger als 10% bleibt.

Im *zweiten Arbeitsschritt* können sogenannte **Marginaltitel** (englisch *margin* = Rand) am Rand notiert werden. Die Abschnitte, die diese Titel kennzeichnen, sollen logische Einschnitte markieren, sie müssen sich also keineswegs mit den vorgegebenen Absätzen des Textes decken. Wichtig ist, dass man die strukturelle Funktion des Abschnittes erfasst – also z. B. „Einleitung". „1. Definition", „Beispiel", oder auch nur eine „Ein-Wort-Inhaltsangabe" des Abschnittes notiert.

Der *dritte Arbeitsschritt* kann – muss aber nicht – durchaus zeitgleich mit dem zweiten erfolgen: die Markierung der unterstrichenen Passagen am Rande des Textes (evtl. auf der den Marginaltiteln gegenüberliegenden Randseite) unter bestimmten Zuordnungskriterien.

Wir schlagen vor, mit Symbolen und Abkürzungen zu arbeiten. Hier als (keineswegs einzig mögliches) Beispiel unser System:

- W = besonders wichtig
- Z = zentral (also noch wichtiger)
- N = in anderen Quellen (Lexika) genauer nachschlagen
- F = fraglich, unbewiesene Behauptung
- V = vertiefender Gedankengang
- I = illustrierendes Beispiel
- P = Problematisierung

- ? = unverständlich/missverständlich
- ?? = noch einmal genau überdenken
- ↗ S. X … = Hinweis auf andere Seite in der gleichen Quelle
- ↗ Meier X … = Hinweis auf Seitenzahl in anderer Quelle
- Lit. = wichtige Literaturangabe

Im *vierten Arbeitsschritt* schließlich empfiehlt es sich, die wichtigsten Aussagen des Textes in eigenen Worten auf der Basis des Unterstrichenen und der Seitennotizen niederzuschreiben. Natürlich kann und soll man auch Zitate verwenden (↗ S. 64–65).

Mindmaps erstellen

Das menschliche Gehirn ist nach Ansicht vieler Forscher nicht nur „linear" strukturiert. **Lineare Strukturierung** meint einen Aufbau, der der gesprochenen oder geschriebenen Sprache ähnelt, in der ja immer ein Wort nach dem anderen gehört oder gelesen werden muss und der ganze Verstehensprozess immer schön der Reihe nach, Wort für Wort abläuft, eben „linear". Große Teile unseres Gehirns funktionieren „simultan", also gleichzeitig. Wer mit jemandem redet, achtet gleichzeitig auf dessen Körpersprache, auf die Betonung, das Sprechtempo usw. Wer ein Bild betrachtet, sieht gleichzeitig eine Menge von Einzelheiten, erst die anschließende Bildbeschreibung (egal, ob mündlich oder schriftlich) verlangt das geordnete Nacheinander der Worte und Sätze. Aus dieser für jeden leicht beobachtbaren Tatsache hat sich die Meinung entwickelt, dass es zur Exzerpierung eines umfangreichen und/oder komplizierten Textes auch sinnvoll sein kann, eine Mindmap herzustellen. Wie diese anzufertigen ist und welche Vorteile sie hat, wird in den folgenden elf Gesetzen des Mindmapping erläutert (↗ S. 64).
Um es an dieser Stelle ganz deutlich zu sagen: Die Entscheidung darüber, ob du einen Text oder sonstige Informationen lieber mit einem **klassischen Exzerpt** oder einer **Mindmap** auswertest, bleibt einzig allein dir überlassen! Du solltest zwar beide

Me-thoden unbedingt (und mehr als einmal) ausprobieren, aber wofür man sich letzten Endes entscheidet, hängt einzig und allein von den je eigenen Vorlieben ab. Und wenn z. B. jemand sagt, dass er gemerkt hat, dass er persönlich mit dem Mindmapping nichts anfangen kann, dann ist das in Ordnung!

Die elf Mindmapping-Gesetze

1. Verwende ein unliniertes Blatt DIN A4 oder größer und lege es quer.
2. Beginne in der Mitte des Blattes und schreibe dort das Thema auf und/oder male ein zentrales Bild, das das Thema darstellt.
3. Ein Oberbegriff rund um das zentrale Thema/Bild wird auf einen farbigen Ast in Blockbuchstaben geschrieben. Die Buchstaben werden in derselben Farbe geschrieben wie der Ast.
4. Dieser Ast ist mit dem zentralen Thema/Bild verbunden.
5. Füge weitere Oberbegriffe hinzu. Dabei wird jeder Hauptast mit einer anderen Farbe gekennzeichnet. Beachte: auch hier werden Blockbuchstaben verwendet.
6. Benutze nur Schlüsselwörter, die auf die Linien geschrieben werden. Beachte: Pro Linie nur ein Schlüsselwort.
7. Füge nun den Hauptästen eine zweite Gedanken-Ebene hinzu (Nebenäste). Beachte dabei, dass:
   - diese Wörter nun in Druckbuchstaben geschrieben werden,
   - das Blatt während des Schreibens und Zeichnens nicht hin- und hergedreht wird,
   - die Nebenäste in derselben Farbe wie die Hauptäste gezeichnet werden.
8. Füge nun eine dritte und vierte Gedanken-Ebene hinzu (Nebenäste) und schreibe auf den Linien Schlüsselwörter in Druckbuchstaben.
9. Verwende dabei so oft es geht Bilder und Symbole anstatt oder zusätzlich zu den Schlüsselwörtern.
10. Lass deinen Gedanken freien Lauf. Das heißt „spring“ auf der Mindmap so herum, wie dir neue Ideen, Gedanken und Verbindungen einfallen.
11. Mach jede Mindmap ein wenig schöner, farbiger und reicher an Bildern und Symbolen.

Zitieren

Sowohl in der schriftlichen Ausarbeitung eines Referates als auch in der mündlichen Präsentation haben Zitate eine **dreifache Funktion**:

- Sie dienen der eigenen **Ehrlichkeit und Redlichkeit**. Einen Gedanken, eine Erkenntnis, ein Beweis, den ich nicht selbst erdacht, sondern von jemand anderem übernommen habe, kann und darf ich nicht als „eigenes Gewächs“ ausgeben.
- Sie dienen der **Absicherung meiner eigenen Argumentation** – etwa nach dem Motto: „Bis zu diesem Punkt herrscht Einigkeit, was jetzt kommt, sind meine eigenen Gedanken.“
- Die **„Berufung auf Autoritäten“** (↗ S. 92–93) ist ein wichtiges rhetorisches Mittel zur Untermauerung der eigenen Position.

Im wissenschaftlichen Bereich haben sich schon seit langer Zeit feste und unumstrittene Regeln für das Zitieren herausgebildet, deren wichtigste mittlerweile auch verbindlich sind für schulische Referate sowie Jahres-, Fach- und Abschlussarbeiten.

Wichtige Zitierregeln sind:

- Anfang und Ende eines Zitates gehören in **Anführungszeichen**.
- Besonderheiten des Originals (z. B. Rechtschreibung) müssen **originalgetreu** übernommen werden.
- **Auslassungen** aus dem Originaltext müssen mit rechteckigen Klammern und drei Auslassungspunkten [...] gekennzeichnet werden.
- **Veränderung** des Zitates (z. B. Worte fettgedruckt) müssen **ausgewiesen** werden. Dies kann z. B. durch den Hinweis in Klammern [„Hervorhebung durch den Verfasser“] geschehen.
- Wenn ein wörtliches Zitat in einen eigenen Text eingebaut werden soll, können die grammatischen Endungen bei einer **Veränderung** des Falles **angepasst** werden.

Quellenangabe und Literaturverzeichnis

Das **korrekte Zitieren** alleine reicht noch nicht aus, um die oben angedeutete „Redlichkeit“ zweifelsfrei zu beweisen. Wenn der Leser meines Referates die Originalquelle nicht nachlesen kann, gibt es keine Sicherheit in Bezug auf die Authentizität des Zitates – weniger vornehm ausgedrückt: Niemand kann sicher sein, ob das Zitat nicht frei erfunden und gefälscht wurde!

Daher gehört zum Zitieren auch die **korrekte Quellenangabe**, die es der Leserschaft meines Textes grundsätzlich möglich macht, meine Zitate auf ihre Richtigkeit hin zu überprüfen. Dies lässt sich aber nur, wenn die folgenden Bedingungen erfüllt sind.
Die Quellenangabe muss

- den Autor/die Autorin,
- den Titel,
- den Erscheinungsort,
- das Erscheinungsjahr
- und die Seitenangabe enthalten.

Quellen angeben

Zwei alternative Möglichkeiten der Quellenangabe gibt es, die zweite (ursprünglich aus den USA kommend) ist einfacher und setzt sich immer mehr durch, ist aber bei Deutschlands Lehrkräften längst noch nicht flächendeckend anerkannt – wir raten daher, den Lehrer/die Lehrerin zu fragen, welche Alternative er/sie möchte:

- **Alternative A:** Jedes Zitat wird mit einer **Fußnote** versehen, in der beim erstmaligen Zitieren alle obigen Informationen enthalten sein müssen. Dies ist angesichts der Fußnotenverwaltung heutiger Textverarbeitungsprogramme technisch kein Problem mehr, da die Programme die Fußnoten automatisch und je nach Wunsch durchlaufend oder seitenweise durchzählen und den Seitenumbruch mit entsprechend wählbaren Vorgaben gestalten. Beim nochmaligen Zitieren derselben Quelle reicht dann der Verfassername, ein „a. a. O." (das heißt „am angegebenen Ort") und die Seitenzahl.
  Also als Fußnote: Meyer, Ulrich: Das Zitat im modernen Roman, Stuttgart 1997, S. 28

In weiteren Fußnoten, in denen derselbe Text zitiert wird: Meyer a. a. O., S. 264

- **Alternative B:** Direkt hinter das Zitat kommt in den Text in **Klammern** der Autorenname, das Erscheinungsjahr und die Seitenzahl, die entsprechende Fußnote fällt weg. Die zur Nachprüfung noch fehlenden Informationen kann der Leser/die Leserin bei Bedarf aus dem **Literaturverzeichnis** am Ende des Referates erschließen.
  Also direkt in den Text nach Zitatende:
  (Meyer 1997, S. 28)
  Sollte es mehrere Meyers geben, muss der Vorname dazu, sollte Meyer 1997 mehrere Texte geschrieben haben, nummeriert man einfach alphabetisch (Meyer 1997a, S. 28) und übernimmt diese Nummerierung im Literaturverzeichnis.

Literaturverzeichnis anlegen

Gerade diese zweite Zitiertechnik erfordert aber unbedingt die Anlage eines **korrekten Literaturverzeichnisses**, denn sonst wäre die zweifelsfreie Nachprüfbarkeit nicht gegeben! Auch hier gibt es mittlerweile für die Schule Standards:

- Zusätzlich zu den schon oben genannten Informationen zu Autor, Titel, Erscheinungsort, Erscheinungsjahr und Seitenangabe müssen noch eventuelle **Untertitel**, die **Auflage**, Ort und Zeit der **Originalausgabe** und – falls das Buch im Original in einer Fremdsprache erschienen ist – die genauen Angaben zur Übersetzung genannt werden.
- Gibt es **mehrere Autoren**, werden entweder alle genannt oder – bei mehr als drei – der erste und ein „u. a." („und andere") ergänzt.
- Handelt es sich um **Herausgeber**, etwa in einem Sammelband, gehört hinter den Namen in Klammern ein „Hg." oder „Hrsg." (für „Herausgeber").
- Ist der Beitrag aus einer **Zeitschrift**, gibt man zusätzlich den Titel der Zeitschrift, die Bandnummer und das Erscheinungsdatum an.

- Auch **selbst recherchiertes Material** z. B. aus Archiven oder Museen kann auf diese Weise so präzise beschrieben werden, dass die Richtigkeit nachprüfbar ist.

Beispiel für ein Literaturverzeichnis

Bracher, Karl Dietrich: Die Krise Europas seit 1917, erschienen in der Reihe: Propyläen Geschichte Europas, Bd. 6, Erstausgabe Berlin 1976, 3. aktualisierte Ausgabe, Berlin 1999
Dederke, Karlheinz: Reich und Republik. Deutschland 1917–1933, Neuausgabe, Stuttgart 1969
Frommelt, Reinhard: Paneuropa oder Mitteleuropa. Einigungsbestrebungen im Kalkül der deutschen Wirtschaft und Politik 1925–1933, in: Schriftenreihe der Vierteljahreshefte für Zeitgeschehen, Heft 3/1977, Stuttgart 1977
Grundmann, Herbert (Hrsg.): Gebhardt, Handbuch der deutschen Geschichte, 9. bearbeitete Auflage, Bd. 4, 1. Teilband, Stuttgart 1973
Görres-Gesellschaft (Hrsg.): Staatslexikon in 7 Bänden, Band 1, Freiburg 1995

Nach wie vor problematisch sind Quellenangaben bei Informationen, die aus dem Internet stammen.
Es gibt noch keine einheitlichen Regeln, aber einige Grundsätze sind mittlerweile doch unumstritten:

- **Autor** und genauen **Titel** des Textes nennen.
- Auf jeden Fall die **vollständige URL** („Uniform Ressource Locator“) angeben, also die vollständige Internetadresse, und sei sie noch so lang und kompliziert.
- Das genaue **Datum der Recherche** festhalten (Tag, Monat, Jahreszahl, Uhrzeit). Webseiten sind kurzlebig und was du heute bei einer bestimmten Webadresse recherchiert hast, kann morgen schon nicht mehr zu finden sein.
- Viele Schulen verpflichten daher ihre Schülerlerinnen und Schüler, Internetquellen grundsätzlich auszudrucken und dem Referat als **Anhang** beizufügen bzw. der Lehrkraft zu zeigen. Erkundige dich bei deinem Lehrer nach seinen Vorstellungen bzw. den schulinternen Regelungen und Vereinbarungen.

Lern-Check: Teste dein Wissen!

Kapitel „Referate vorbereiten“	O. K. ✔	Das muss ich noch mal lesen
Ich bin in der Lage, ein Referatsthema sinnvoll einzugrenzen und die sechs Qualitätskriterien anzuwenden.		S. 24–27
Ich kenne die wichtigsten Fundstellen für Literaturrecherchen.		S. 27–29
Ich kann mit einem alphabetischen, einem systematischen und einem Schlagwortkatalog umgehen.		S. 29
Ich kenne mich mit Internet-Suchmaschinen und Meta-Suchmaschinen aus.		S. 35–37
Ich kann die Vor- und Nachteile der verschiedenen Recherchequellen darlegen.		S. 39
Ich kann Fachbüchern und anderen Quellentexten schnell und effizient Informationen entnehmen.		S. 40–43
Ich kann zwischen qualitativen und quantitativen Methoden unterscheiden.		S. 46
Ich kann die verschiedenen Interviewtechniken zusammenfassen.		S. 47–50
Ich kann Informationen mithilfe von Karteikartensystemen effektiv verwalten.		S. 53–55
Ich beherrsche weitere Formen der Informationsauswertung.		S. 55–57
Ich kann Techniken des punktuellen, diagonalen und intensiven Lesens erklären.		S. 59–61
Ich bin in der Lage, Exzerpte in Text- oder Mindmap-Form anzufertigen.		S. 61–64
Ich kann die wichtigsten Zitierregeln nennen und kann sie anwenden.		S. 64, 65
Die korrekte Angabe von Quellen und Literaturfundstellen kann ich darlegen.		S. 65–67

3 Techniken und Tipps zum Schreiben

3.1 Strukturierende Grundüberlegungen

Wenn ein Referat nicht mündlich vorgetragen wird, sondern schriftlich vorliegen muss – sei es zusätzlich zur Präsentation, sei es, weil die Lehrerin bzw. der Lehrer die Ausarbeitung ausschließlich schriftlich haben möchte, oder sei es schlicht, weil die Zeit zum Vortrag am Halbjahresende nicht ausreicht –, dann solltest du schon im Voraus ein paar Überlegungen anstellen.

Mithilfe einiger **strukturierender Grundüberlegungen** lässt sich das ganz einfach bewerkstelligen:

- **Was** – Welches Thema willst du bearbeiten?
- **Womit** – Mithilfe welcher Textkategorie willst du das Thema bearbeiten?
- **Wie** – Nach welchem Fahrplan soll das Referat gegliedert werden?

Was?

Wird dir das Thema vom Fach bzw. dem Fachlehrer vorgegeben, dann hast du wenig bis gar keine Chancen, deine Interessen einzubringen. Es gilt, das Thema entsprechend den Vorgaben zu bearbeiten.

Wenn du die Chance hast, ein Referatsthema unter einer Reihe von vorgegebenen Vorschlägen auszuwählen, dann solltest du immer nach deinem individuellen Vorlieben ein Thema wählen. Du bist dann eher bereit, dich intensiv mit dem Thema auseinanderzusetzen – Interesse fördert den Arbeitseinsatz und die Lust am Schreiben.

In der Projekt- und Freiarbeit ist es den Schülern häufig selbst überlassen, zu welchem Thema sie ein Referat halten oder schreiben. Hier hast du alle Möglichkeiten, solch ein Thema vorzuschlagen, bei dem du keine Schwierigkeiten beim Schreiben hast, wo du vielleicht schon Materialien gesichtet hast, wozu du schon immer mal arbeiten wolltest oder womit du dich eventuell in der Freizeit beschäftigst.

Womit?

Im Regelfall ist durch die Themenstellung des Referates die zu wählende Textkategorie innerhalb gewisser Grenzen schon vorgegeben, dennoch solltest du hier sorgfältig deine Auswahl treffen. Grundsätzlich gibt es fünf verschiedene Kategorien von Sachtexten, die wir hier kurz vorstellen wollen.

1. Dokumentation

Die **Dokumentation** ist eine Zusammenstellung aller wichtigen Aspekte, Fakten, Zahlen und Ereignisse, die für das gewählte Thema von Bedeutung sind. Die Kunst der Dokumentation besteht darin, die wichtigen von den unwichtigen Details zu trennen und das Wichtige möglichst präzise zu beschreiben. Jede Kommentierung oder Beurteilung durch den Referenten verbietet sich.

Die Textsorte Dokumentation findet sich häufig bei geschichtlichen Themen, der Darstellung oder Rekonstruktion von Erfindungen, Entdeckungen und wissenschaftlichen Leistungen oder der Beschreibung wirtschaftlicher und wirtschaftspolitischer Sachverhalte.

2. Analyse

Die **Analyse** geht einen Schritt weiter als die Dokumentation. Über die Beschreibung des Sachverhalts hinaus enthält sie erläuternde Elemente, die einzelne Aspekte des Themas sachlich vertiefen. Die Kunst des Schreibers besteht darin, diese Vertiefungen einzig aus der Sachperspektive des Textes heraus vor-

zunehmen, ohne die eigene Meinung in den Vordergrund zu stellen.
Analysen sind ausgesprochen häufig im Deutsch- bzw. fremdsprachlichen Literaturunterricht zu finden – Textanalysen bilden oft den Kern literarischer Referate.

3. Systematisierung und Kontrastierung

Die **Systematisierung** ist ebenso wie die **Kontrastierung** im Grunde genommen eine Sonderform der Dokumentation: Die Zusammenstellung aller wichtigen Aspekte, Fakten, Zahlen und Ereignisse wird von vornherein unter einem mehr oder weniger abstrakten Ordnungsschema vorgenommen, im Falle der Kontrastierung sogar unter einem extrem auf Gegensätzen beruhenden Prinzip.
Die Wahl der Textsorte Systematisierung bzw. Kontrastierung ist immer dann sinnvoll, wenn kontroverse politische, wirtschaftliche, gesellschaftliche oder wissenschaftliche Themen in einem Referat aufbereitet werden sollen. Sie strukturiert eine ergebnisorientierte Diskussion bzw. Debatte vor.

4. Interpretation und Erörterung

Die **Interpretation** stellt eine sachliche Auseinandersetzung mit einem Text dar, die **Erörterung** braucht als Grundlage nicht unbedingt einen Text, sondern kann ebenso zu einem isoliert in den Raum gestellten Problem geschrieben werden. Man spricht dann von einer **freien** im Gegensatz zu einer **textgebundenen** Erörterung.
Das gemeinsame Ziel beider Sachtextarten ist es, die Meinung des Schreibers und sein Urteil über die Aussagen des Textes bzw. des Problems plausibel und nachvollziehbar zu machen. Bei beiden Textsorten bildet die argumentativ stringente und in sich logische Begründung der eigenen Meinung das Rückgrat. Pro- und Kontra-Argumente müssen sorgfältig gegeneinander abgewogen und gewichtet werden, damit die anschließende Beurteilung, in der sowohl Interpretation als auch Erörterung münden

müssen, nicht den Charakter des bloß subjektiven Meinens erhalten.
Textinterpretationen sind neben der Textanalyse fester Bestandteil des Literaturunterrichts. Textgebundene Erörterungen können zu allen möglichen Sachtexten, die eine Stellungnahme ermöglichen und erfordern, verfasst werden. Gleiches gilt für die freie Erörterung, deren einzige Bedingung ist, dass das Problem mindestens zwei alternative Standpunkte zulässt. Über den brütend heißen Sommer des letzten Jahres lässt sich keine Erörterung schreiben.

5. Evaluation

Die **Evaluation** ist im Prinzip das „wissenschaftliche" Gegenstück zur Erörterung: Das Ergebnis einer Evaluation muss eine argumentativ abgesicherte Bewertung eines Problems, eines Ereignisses, eines Prozesses, einer Streitfrage usw. sein. Wer eine Evaluation verfassen will, muss sich also sehr präzise mit der argumentativen Absicherung der eigenen Bewertung befassen, z. B. indem empirische, statistische oder experimentell erhaltene Daten und Erkenntnisse ausgewertet und methodisch kontrolliert eingearbeitet werden.
Jedes gerichtliche oder wissenschaftliche Gutachten eines Sachverständigen stellt eine Evaluation dar. Das zeigt den hohen Anspruch dieser Textsorte. Eine Evaluation ist aber ganz sicher dann reizvoll zu schreiben, wenn du dich auf einem bestimmten Gebiet als Experte mit einem entsprechenden sachlichen Überblick fühlst.
Neben diesen Regelfällen gibt es auch Sonderformen z. B. journalistischer Art (↗ Kapitel 6, S. 128–132)

Wie?

Bevor du mit dem Schreiben beginnst, solltest du zunächst einen Fahrplan (Struktur) überlegen, nach dem du das zu Schreibende gliedern willst. Einleitung, Hauptteil und Schluss ist wohl die bekannteste Gliederung. Sie stellt das Inhaltsverzeichnis

des Referates dar, an dem sich der Leser bzw. die Leserin orientieren kann. Die Erweiterung dieser klassischen Gliederung um ein Vorwort und einen Anhang hat sich als sehr sinnvoll herausgestellt. Kann es doch in einem Vorwort darum gehen, dass du erläuterst, warum du dich für dieses Thema entschieden hast, welche Vorüberlegungen du zu dieser Art des Schreibens geführt hat, welche Probleme es bei der Erstellung des Referates gegeben hat oder auch durch wen oder was du besondere Hilfestellungen bekommen hast.
Im Anhang können dann die genutzten Materialien und Medien notiert, Literatur- und Quellenhinweise gegeben oder weiterführende Leseempfehlungen zum Thema gegeben werden.
Zur inhaltlichen Gestaltung auch des schriftlich ausgearbeiteten Referates empfehlen wir dir die Lektüre des Kapitels 4 (↗ S. 80–117).

3.2 Schreibtypen

Thema verabredet, Textkategorie geklärt, Materialien und Medien gesichtet – dann kann man einfach anfangen zu schreiben? Nein, ganz so einfach ist es dann doch nicht.

TYP 1: Der Drauflosschreiber

Zunächst musst du noch klären, was für ein Schreibtyp du bist: Sobald du entsprechende Materialien zum Thema gesammelt

und sortiert hast, bist du in der Lage mit dem Schreiben zu beginnen (egal ob auf dem PC oder handschriftlich). Dir fällt zu jedem Stichwort eine Menge ein, das du sofort druckreif zu Papier bringen kannst. Leere Blätter bereiten dir keine Schwierigkeiten. Während du schreibst, entsteht ein Themenplan mit einem Inhaltsverzeichnis, d. h., das Geschriebene wird im Nachhinein strukturiert.
Menschen, die diesem Schreibtyp angehören, sind sicherlich häufig zu beneiden und haben es leichter als andere beim Formulieren ihrer Gedanken. Hüten sollten sich „Drauflosschreiber" davor, von Hölzchen auf Stöckchen zu kommen, d. h. ausufernd zu schwafeln und das Thema aus den Augen zu verlieren.

TYP 2: Der Nicht-wissen-wo-anfangen-Schreiber

Du weißt nicht, wo du anfangen sollst, dir fällt einfach nichts ein. Ein leeres Blatt Papier bereitet dir Schwierigkeiten. Wenn das der Fall ist, dann solltest du zuerst einen Themenplan (Inhaltsverzeichnis) oder ein Exposé mit Stichwörtern erstellen. Hieran kannst du dich orientieren und eins nach dem anderen abarbeiten.
Hast du erst einmal ein Wort geschrieben, dann fallen dir bestimmt auch weitere ein, die du gegebenenfalls zu einer Mindmap usw. weiterentwickeln kannst. Wenn du erst einmal etwas zu Papier gebracht hast, ist es leichter, weiterzuschreiben.

TYP 3: Der Bis-auf-die-letzte-Sekunde-warten-Schreiber

Was tun, wenn man alles bis auf die letzte Sekunde aufgeschoben hat? Dann bleibt nur noch die streng reglementierte Arbeit nach Plan – und das möglichst schnell und effektiv. Es gilt, das Thema so schnell und fachlich korrekt wie möglich zu bearbeiten. Also keine umfangreichen Pläne mit inhaltlichen Strukturen erstellen und nicht vorschreiben, sondern direkt mit der Reinschrift (in den PC oder handschriftlich) beginnen. Das erfordert ein hohes Maß an Konzentration und Arbeitswillen. Hierbei ist besonders auf die Rechtschreibung (Rechtschreibprogramm nutzen) und die Zeichensetzung zu achten, denn aufgrund des Zeitmangels entstehen leicht Fehler.

TYP 4: Der Ständig-verwerfend-Schreiber

Beim Schreiben stellt man fest, dass der entworfene Themen- und Arbeitsplan nicht einzuhalten ist und mit dem geschriebenen Text nicht übereinstimmt. Was tun? Das Inhaltsverzeichnis ändern, einen neuen Text schreiben oder alles verwerfen? Bevor man sich für eine der drei Varianten entscheidet, muss man sehr genau gegeneinander abwägen, ob es sich nur um eine momentane „Laune" handelt oder ob man durch die Tätigkeit des Schreibens so viel Wissen dazugewonnen hat, dass sich die Struktur zwangsläufig verändert. Auf alle Fälle sollte das Geschriebene erst dann entsorgt werden, wenn das Referat fertig ist – wer weiß, ob man die eine oder andere Passage nicht doch noch gebrauchen kann.

Welcher Schreibtyp du bist oder mit welchem du dich eher anfreunden kannst, das hängt von individuellen Vorlieben und Interessen ab. Wichtig ist nur, dass du deinen eigenen Typus kennst, damit du die Tipps zur Vermeidung von „Irrwegen" berücksichtigen kannst.

3.3 Nachträgliche Feinarbeiten

Die nachträgliche Bearbeitung und Verbesserung eines schon geschriebenen Textes war zu den Zeiten, als man noch mit Gänsefeder und Tintenfass schrieb, ein mühsames und zeitraubendes Unternehmen, das auch durch die Erfindung der Schreibmaschine nicht wesentlich vereinfacht wurde. Erst die Textverarbeitungssysteme unserer heutigen Computer haben da eine enorme Erleichterung gebracht, denn du kannst jeden im Computer gespeicherten Text beliebig oft ändern, umformulieren, umstrukturieren usw.! Wir raten dir daher, diesen Vorteil zu nutzen und den fertigen Text nicht einfach auszudrucken und dem Lehrer zu geben, sondern ihn noch einmal sorgfältig durchzulesen und nach den folgenden Kriterien zu verbessern:

- **Rechtschreibung, Zeichensetzung, Grammatik:** Eigentlich ist es ja eine Selbstverständlichkeit, dass ein Referat möglichst keinen einzigen **formalen Fehler** enthalten sollte! Die Rechtschreibung lässt sich größtenteils per Computerprogramm überprüfen, alle wichtigen Zeichensetzungsregeln stehen im Duden und Grammatikfehler kannst du mithilfe deiner Schulgrammatik beseitigen.

- **Satzbau und Satzstruktur:** Sind die Sätze lesbar, also weder zu kurz noch zu lang? Aber auch übertriebene **Schachtelsätze**, die über eine halbe Seite oder mehr gehen, erschweren das Lesen und verhindern das Verständnis.
- **Fremdwörter und Fachbegriffe:** Die wichtigste Frage lautet, ob die verwendeten Fremd- und Fachwörter wirklich sachlich richtig und angemessen sind. Nichts ist peinlicher als ein bombastisch klingendes Fremdwort, das falsch verwendet wird.
  Im Zweifelsfall solltest du immer das entsprechende Lexikon zurate ziehen oder ganz auf das Wort verzichten. Ohnehin wirkt ein übertriebener Fremd- und Fachwortgebrauch leicht arrogant, vor allem, wenn es für die entsprechenden Begriffe ebenso passende und präzise deutsche Bezeichnungen gibt.
- **Ausdruck:** Ein übertrieben wissenschaftlicher und „staubtrockener" Jargon kommt beim Leser ebenso wenig an, wie ein rüder umgangssprachlicher Tonfall. Also achte darauf, den Text anschaulich und lebendig zu gestalten.
- **Wiederholungen** (stilistische Wiederholungen): Keine häufigen Wiederholungen im Text (auch nicht zur Verdeutlichung) und möglichst keine gleichen Wörter in aufeinanderfolgenden Sätzen verwenden. Sollten Wiederholungen erforderlich sein, dann ist es besser auf die Textstelle zu verweisen anstatt das Ganze noch einmal aufzuschreiben.
- **Redundanzen** (inhaltliche Wiederholungen): So notwendig Redundanzen im mündlichen Vortrag sind (↗ S. 81–82), so ärgerlich und überflüssig sind sie im schriftlichen Text. Der Leser, der etwas nicht verstanden hat, kann die gleiche Stelle ja ein zweites, drittes Mal lesen. Also solche Wiederholungen in der schriftlichen Fassung unbedingt vermeiden.

Lern-Check: Teste dein Wissen!

Kapitel „Techniken und Tipps zum Schreiben“	**O.K. ✔**	**Das muss ich noch mal lesen**
Ich kann die Textsorten „Dokumentation“, „Analyse“, Systematisierung und Kontrastierung“ definieren.		S. 71, 72
Ich kann die Textsorten „Interpretation“, „Erörterung“ und „Evaluation“ definieren.		S. 72, 73
Ich kann die spezifischen Aufgaben und Leistungen der verschiedenen Textsorten erläutern.		S. 71–73
Ich kann einschätzen, zu welchem Schreibtyp ich zähle.		S. 74–77
Ich verfüge über Techniken der nachträglichen Feinbearbeitung meiner Texte.		S. 77, 78

4 Referate mündlich präsentieren

Ratschläge für einen schlechten Redner (Kurt Tucholsky)

„Fange nie mit dem Anfang an, sondern immer drei Meilen vor dem Anfang. Etwa so: ‚Meine Damen und Herren! Bevor ich zum Thema des heutigen Abends komme, lassen Sie mich Ihnen kurz …'
Hier hast du schon so ziemlich alles, was einen schönen Anfang ausmacht: eine steife Anrede, der Anfang vor dem Anfang … und das Wörtchen kurz. So gewinnst du im Nu die Herzen und Ohren der Zuhörer.
Denn das hat der Zuhörer gern: dass er deine Rede wie ein schweres Schulpensum aufbekommt …
Sprich nie unter anderthalb Stunden, sonst lohnt es gar nicht erst anzufangen.
Wenn einer spricht, müssen die anderen zuhören – das ist deine Gelegenheit! Missbrauche sie."

Die einfachste Form, ein Referat zu präsentieren, wäre natürlich, den Mitschülern den Text zu geben, eine längere Lesepause zu gewähren und anschließend gehen alle nach Hause, aber …

Wer sich viel Arbeit bei der Vorbereitung des Referates gemacht hat, möchte auch den Erfolg sehen. Daher soll am Anfang dieses Abschnittes das Ziel – eine gute Präsentation des Referates – stehen.

Eine gelungene Referatspräsentation erreicht drei Ziele:

- Die Anwesenden zu **informieren**,
- sie vom Inhalt des ReferatEs zu **überzeugen**,
- sie zur eigenständigen Vertiefung des Themas zu **motivieren**.

Dieser Anspruch macht eine Reihe von Vorüberlegungen notwendig:

- Das Wichtigste ist natürlich zuerst einmal die **Zielgruppe**! Vor dem Deutschen Bundestag trete ich anders auf als vor einer siebten Schulklasse. Die Turnschuhe beispielsweise, die der damalige Außenminister Joschka Fischer bei seiner ersten Vereidigung zum hessischen Umweltminister trug, waren eine gezielte Provokation der herrschenden Kleiderordnung des Parlaments, in der Schulklasse dagegen sind Turnschuhe völlig normal.
- Der Vortrag sollte lebendig und humorvoll vorgetragen werden. Lebendigkeit wird natürlich erleichtert, wenn du den Vortrag frei oder nur mithilfe eines Spickzettels hältst.
- Auch der regelmäßige Blickkontakt und das Reden mit „Händen und Füßen“, also mit viel Gestik und Mimik, machen den Vortrag für die Hörerinnen und Hörer interessant.
- Der Vortrag sollte kurz und prägnant sein – nach dem Motto: „Man kann über alles reden … nur nicht länger als 15 Minuten!“
- Während des Vortrags sollten Zwischenfragen unterbleiben! Auch Verständnisfragen sollten nicht zugelassen werden, wenn der Vortrag wirklich kurz ist!
- Bevor der Vortrag beginnt, muss geklärt sein, ob sich die Hörer Notizen machen sollen oder nicht.
- Der Vortrag sollte übersichtlich gegliedert und geordnet vorgetragen werden. Er muss also einen klar definierten Anfang und ein ebenso deutlich mitgeteiltes Ende sowie eine thematisch eindeutige Überschrift haben.
- Der Vortrag sollte nicht zu weitschweifig und nicht zu knapp sein! Er kann Wiederholungen enthalten – nur Exkurse (Ausschweifungen) sollte man tunlichst vermeiden!
- Empirische Untersuchungen zur „Speicherkapazität“ von Zuhörern haben übrigens ergeben, dass ein Text von zehn Zeilen mittleren Schwierigkeitsgrades 21-mal (!) vorgetragen werden muss, bevor er von Hörern vollständig gespeichert ist.

Es wäre natürlich unsinnig, den Vortrag so oft hintereinander zu halten. Du solltest ihn aber so gestalten, dass nicht jedes Wort und jeder Satz für das Verständnis des Ganzen unbedingt notwendig ist, sondern deinen Zuhörern Erholungspausen gönnen. Eine gewisse Redundanz (d. h. Wiederholung von schon Gesagtem) im Vortrag ist also sinnvoll. Die einzelnen Ratschläge und Hinweise für einen guten Vortrag lassen sich wie folgt zusammenfassen:

L-K-G-Regel:
Ein Vortrag soll lebendig vorgetragen werden, er soll kurz und gut gegliedert sein.

4.1 Aufbau eines mündlich vorgetragenen Referates

Die Einleitung

Jeder mündliche Vortrag unterscheidet sich grundlegend von einem schriftlichen Text:

- Die Textrezeption beim Lesen (Aufnahme) kann beliebig wiederholt, unterbrochen und gemeinsam oder alleine vorgenommen werden, das Hören eines Vortrages ist ein einmaliger Akt.
- Das Tempo der Informationsaufnahme beim Lesen kann man selbst steuern, beim Vortrag ist der Hörende vom Vortragenden abhängig.

Bloßes Zuhören ist ein sehr anspruchsvoller und außerordentlich störanfälliger Prozess, der erheblich anstrengender ist als das Lesen. Die Informationsspeicherung ausschließlich über den akustischen Aufnahmekanal (das „flüchtige Wort“) ist viel weniger einprägsam als das „Lernen mit Kopf, Herz und Hand“ – dies haben Lerntheoretiker eindeutig nachgewiesen.

Aus diesen Bedingungen für die mündliche Präsentation, die grundsätzlich nicht aufhebbar sind, ergibt sich, dass insbesondere die Einleitung eine ausgesprochen wichtige Funktion hat: Die Spannungskurve muss gleich zu Beginn der Rede einen Höhepunkt aufweisen, mit dem der Redner die Zuhörer an sich bindet, sie fesselt. Dies gelingt, wenn man nicht nur sachlich und informativ beginnt, sondern die Zuhörer auf der emotionalen Ebene anspricht. Auf jeden Fall sollte der Redner erreichen, dass das Publikum auf den Beginn seiner Rede reagiert, aus seiner Routine gerissen wird. Ein Witz, eine Provokation, eine überraschende Aktion – was es auch sei, der Einstieg muss die Zuhörer an den Redner ziehen, eine positive Voreingenommenheit bewirken. Dies gilt für ein Referat vor einer Schulklasse genauso wie für einen hochwissenschaftlichen Vortrag vor einem Kongress. Ein Redner, der die Zuhörer nicht gleich am Anfang seiner Rede zu faszinieren vermag, hat verloren – egal, wie gründlich und umfassend seine Kenntnisse auch sein mögen.

BEISPIEL Ein Schüler hat im Politikunterricht einer 10. Klasse das Referatsthema „Geschäft Leistungssport?“ bekommen. Er beginnt mit einer ganz einfachen, aber wirkungsvollen Technik: Er hat vorher ausgerechnet, wie viel ein bestimmter Bundesligaspieler, der jährlich 3 Mio. Euro Gehalt erhält, in jeder Sekunde des Jahres verdient. Er stellt eine Stoppuhr vor sich auf das Rednerpult, begrüßt seine Zuhörer und nennt das Thema des Referates. Dann schaut er demonstrativ auf die Uhr und fragt einen Mitschüler: „Was würdest du sagen, wenn du in den 90 Sekunden, die ich bisher geredet habe, um 210 Euro reicher geworden wärest?“ Auf die erstaunte Nachfrage, was das denn solle sagt er: „Tja, wenn jetzt der Bundesligaspieler x hier säße, hätte er genau diese Summe verdient!“ – Für den Rest seines Vortrages ist ihm die Aufmerksamkeit der Klasse sicher.

Wie kaum an einer anderen Stelle des Referates lohnt es sich also, in den Anfang ein wenig Fantasie zu investieren. (Gezielte Provokationen oder Bluffs sind übrigens eine beliebte Unterrichtseinstiegsmethode von Lehrern!)

Der Haupt- oder Argumentationsteil

Im Gegensatz zu einer ausführlichen schriftlichen Ausarbeitung liegt bei der mündlichen Präsentation die „Würze in der Kürze“ – man kann bei einem Vortrag vor Schülern zu einem umfangreichen oder schwierigen Thema einfach nicht alle Aspekte herausarbeiten, das würde den zeitlichen Rahmen sprengen und die Zuhörerinnen und Zuhörer überfordern. Daher schlagen wir folgenden **Argumentationsplan** vor:

- Konzentration auf einige wenige Argumentblöcke.
- An den Anfang jeder dieser Blöcke gehört eine Behauptung oder eine Ausgangshypothese.
- Diese Behauptung oder Ausgangsthese wird im Anschluss knapp, aber bündig und in sich logisch begründet.

Um auch denjenigen Zuhörern, die vielleicht einen Moment nicht bei der Sache waren und den Faden verloren haben, eine erneute **Einstiegschance** in das Referat zu geben, sollten die einzelnen Argumente deutlich voneinander getrennt und durch kurze Pausen zusätzlich voneinander gelöst werden. Der Zuhörer hat dann das Gefühl, dass ein neuer Gesichtspunkt entwickelt wird, dem er jetzt wieder uneingeschränkt folgen kann.

Die **Spannungskurve** in der Argumentationsphase gleicht jedem Krimi: Der Höhepunkt – also das stärkste, überzeugendste Argument – gehört an den Schluss des Hauptteils!
Am Ende dieser Phase, bevor mit dem Schlussteil begonnen wird, muss eines ganz klar sein: Der inhaltliche Teil des Referats ist beendet! Wir raten dringend, auf keinen Fall noch neue, vielleicht sogar zentrale Argumente für die Schlussphase „aufzusparen“ – im Schlussteil sollten keine sachlich neuen Gesichtspunkte mehr auftauchen. Die Überzeugungsarbeit ist mit dem Ende des Argumentations- oder Hauptteils abgeschlossen!

BEISPIEL Für das Thema „Geschäft Leistungssport?" wären folgende Argumentationsblöcke möglich:

- **1. These:** Leistungssportler verdienen überdurchschnittlich viel Geld.
- **Begründung:** Daten, Zahlen, Fakten eines Rennfahrers bis zu den Pseudoamateuren der unteren Fußballklassen nennen.
- **2. These:** Leistungssportler können ihren Beruf nur eine verhältnismäßig kurze Lebensspanne ausüben und müssen in dieser Zeit für ihr späteres Leben verdienen.
- **Begründung:** Daten, Zahlen, Fakten über die Zeitspanne nennen (von Turnerinnen bis zu Golfern).
- **3. These:** Leistungssportler haben ein hohes Verletzungsrisiko, viele tragen schmerzhafte Dauerschäden davon.
- **Begründung:** Daten, Zahlen, Fakten und exemplarisch die Lebensgeschichte einiger Sportinvaliden nennen.
- **4. These:** Leistungssportler verhalten sich nur marktgerecht.
- **Begründung:** Erst die Idolisierung des Sportlers durch das Publikum macht ihn zum Spitzenverdiener. Wäre z. B. das Kunstradfahren ebenso populär wie die Formel 1, würde der Kunstradweltmeister auch Spitzenverdiener sein.

Der Schluss

Der Schlussteil eines Referats ist keineswegs nur ein Anhängsel, um vielleicht „etwas abzurunden", zu einem „harmonischen Abschluss zu gelangen" oder gar Komplimente an die Zuhörer loszuwerden. Sondern der Schlussteil ist im wahrsten Sinne das Finale, ohne das der gesamte Vortrag wirkungs- und ergebnislos bleibt.

Auch ein großer Rundumschlag, der noch einmal in gedrängter Fassung den gesamten Argumentationsteil aufgreift, ist nicht sinnvoll, sondern wirkt auf die Zuhörer eher ermüdend. Der größte Fehler, den derjenige, der ein Referat vorträgt, machen kann, ist, den Schluss erst anzukündigen und dann doch noch einmal weit auszuholen. Also: Wenn der Schluss angekündigt ist, muss man sich kurz fassen!

Sinnvoll ist es natürlich, auf den „Höhepunkt" des Argumentationsteils – sprachlich verkürzt und auf die Spitze getrieben – zurückzukommen, an ihm anzuknüpfen und die eigenen Schlussfolgerungen, Forderungen oder Appelle auf diesem Argument aufzubauen.

BEISPIEL Thema „Geschäft Leistungssport?"
Das Problem sind also nicht die Leistungssportler, sondern die Gesellschaft. Solange viele Menschen offensichtlich nicht in der Lage sind, auf (Sport-)Idole zu verzichten, solange sie unbedenklich beliebig große Mengen Geld ausgeben, um diese Idole zu sehen und solange sich die Idole daher so ziemlich alles herausnehmen können, wird das Problem weiterbestehen, denn nicht die Sportler, sondern die Fans sind das Problem.

4.2 Argumentationsmuster

Nach welchem Argumentationsschema sollen nun die Sachaussagen, die man in der Recherchephase erarbeitet hat, im Hauptteil geordnet und gegliedert werden? Es bieten sich einige grundsätzliche Vorgehensweisen an, die wir kurz vorstellen und deren Vor- und Nachteile wir kommentieren. Die Entscheidung, welches der vorgeschlagenen Muster das beste ist, kann nur der jeweilige Referent unter Berücksichtigung von Thema, Zielgruppe und eigenen Fähigkeiten treffen. Was für ein bestimmtes Thema und eine Zielgruppe richtig ist, kann für ein anderes Thema oder eine andere Zielgruppe völlig falsch sein.

Die Argumentationskette oder -reihe

Das ist sicherlich die häufigste Form des Argumentationsaufbaus: Die einzelnen Argumente werden nacheinander entwickelt, wobei sich im Idealfall das nachfolgende aus dem vorhergehenden Argument zwingend ergibt. Die Reihenfolge ist ebenfalls klar: vom unwichtigsten zum wichtigsten.

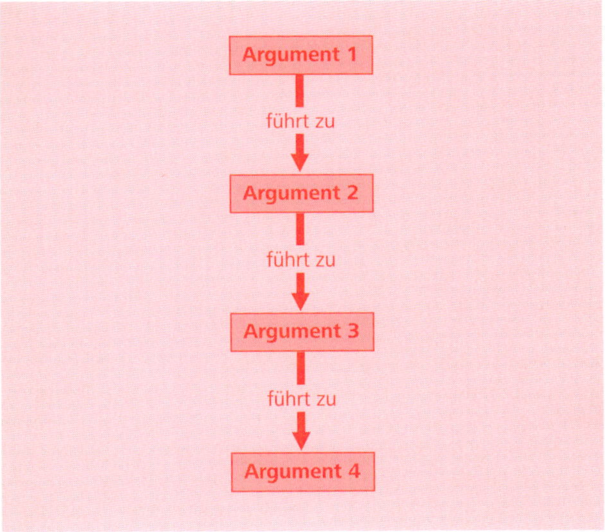

Vorteil: Die Kette ist dann, wenn sie wirklich logisch zwingend und stringent aufgebaut ist, von sehr starker Überzeugungskraft. Wenn man sich erst einmal auf die Argumentation eingelassen hat, kann man tatsächlich „nichts mehr dagegen sagen“.

Nachteil: An jedem Punkt der Kette kann ein bestimmtes Gegenargument, an das der Referent vielleicht gar nicht gedacht hat, den weiteren Gang der Argumentation sprengen (wie bei einer Rechenaufgabe, in der an irgendeiner Stelle ein Rechenfehler auftritt, das Gesamtergebnis falsch wird).

Besonders unangenehm ist, dass dieses Aushebeln der Argumentation ja im Regelfall erst nach dem Referat während der Diskussion erfolgt und der Vortrag damit nachträglich entwertet wird. (Es sei denn, man hat diese „Sollbruchstelle“ von vornherein eingeplant und kann mit sorgfältig zurückgehaltenen Argumenten kontern – aber das gehört eigentlich schon mitten hinein in die rhetorische Trickkiste!)

- Standardformulierungen für die Verknüpfung der **Argumente innerhalb einer Kette** können beispielsweise sein:
  - Die Ursache/der Grund für … ist …
  - Das Ergebnis ist …
  - Als Konsequenz/Folge ergibt sich …
  - Dies muss man so sehen, weil …
  - Das Folgende erklärt sich aus …
  - Dies führt zu …
  - Das hat zur Folge, …
  - Das liegt daran, dass …
  - Das ist klar, weil …

Die vergleichende Argumentation

Der Argumentationsplan ähnelt einer Zickzacklinie. Zunächst werden ein bis zwei Argumente entwickelt, dann ein oder zwei mögliche Gegenargumente genannt und erörtert, natürlich mit dem Ziel, diese zu entkräften und so zum nächsten eigenen Argument zu gelangen. Diese argumentative Strategie ist deshalb besonders wirksam, weil sie (scheinbar oder tatsächlich) wirklich objektiv vorgeht und Gegenargumente nicht verschweigt, sondern in die eigene Argumentation einbezieht.

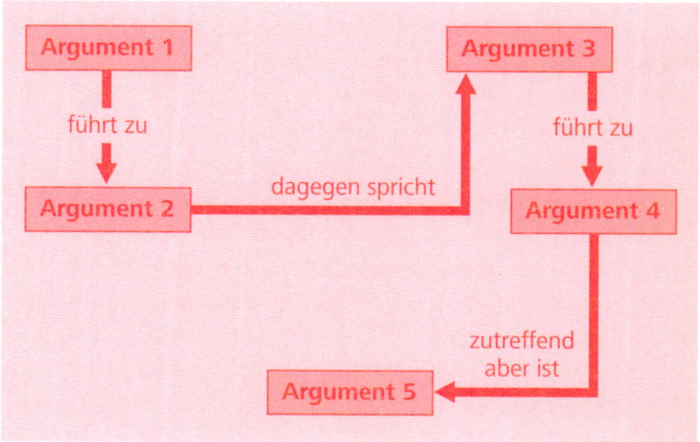

Vorteil: Da mögliche Gegenargumente gegen die eigene Position gleich mitberücksichtigt und entkräftet werden, sind Gegenpositionen erheblich schwieriger zu entwickeln und die eigene Darstellung ist nur schwer angreifbar. Wenn der Redner schon mögliche Positionen und Argumente seiner „Gegner" parat hat, suggeriert er den Zuhörern Umsicht und Überlegenheit.
Nachteil: Zum einen lassen sich Gegenargumente unter Umständen nicht wirklich zwingend entkräften, sondern sind bei genauer Analyse mindestens ebenso zugkräftig wie die eigenen. Zum anderen ist diese Argumentationsstrategie besonders für die Zuhörerschaft sehr anspruchvoll, da sie erhebliche Anforderungen an das Gedächtnis und die eigene Urteilsfähigkeit stellt.

- Standardformulierungen für die Verknüpfung der Argumente bei dem **vergleichenden Vorgehen** können sein:
  - Es lässt sich natürlich auch anführen, dass …
  - Auf der anderen Seite muss man bedenken, dass …
  - Andererseits ist festzuhalten, dass …
  - Das ist zwar grundsätzlich richtig, aber …
  - Hier könnte man nun einwenden, dass …
  - Gerne wird gesagt, dass … aber …
  - Im Unterschied dazu ist festzuhalten, dass …

Die kompromissschließende Argumentation

Ein Sachverhalt wird zunächst argumentativ von einer Seite genau dargestellt, dann wird eine andere, ebenso mögliche Perspektive präzise dargelegt, und am Ende steht eine Schlussfolgerung, die möglichst beide Seiten angemessen berücksichtigt. Dieses Vorgehen ähnelt stark dem Aufbauschema der Erörterung. Wir möchten an dieser Stelle noch einmal nachdrücklich darauf hinweisen, dass für die mündliche Präsentation andere Regeln gelten als für die schriftliche Ausarbeitung (↗ S. 78), man also die Schreibtechniken der Erörterung keinesfalls „eins zu eins" übertragen darf. Der Argumentationsplan ähnelt einem auf die Spitze gestellten Haus (↗ S. 90).

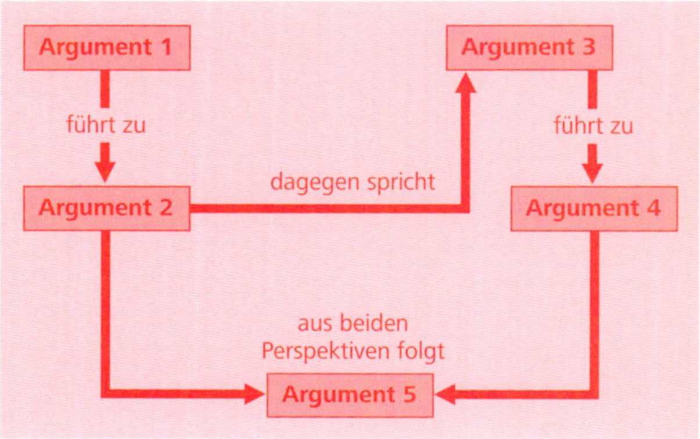

Vorteil: „Die Wahrheit liegt häufig in der Mitte" – dieses Sprichwort ist nicht zufällig so unumstritten, sondern trifft häufig den Kern der Sache. Von der Rechtschreibreform bis zur Kriegspolitik Alexanders des Großen, vom „American dream" bis zur abstrakten Malerei – die meisten Referatsthemen haben zwei oder mehrere positive wie negative Seiten.
Nachteil: Es gibt aber eben auch den faulen Kompromiss, das Sich-Drücken vor einem eindeutigen Urteil! Man darf die kompromissschließende Argumentation auf keinen Fall gleichsetzen mit der Vermeidung eindeutiger Urteile. Wer zu einem Kompromiss bereit ist, muss dennoch – oder gerade deswegen – klar und deutlich die Vor- und Nachteile der verschiedenen Positionen nennen und einen klar formulierten Standpunkt beziehen.

- Standardformulierungen für die Verknüpfung der Argumente bei dem **kompromissschließenden Vorgehen** können beispielsweise sein:
  - Als vermittelnder Standpunkt ergibt sich …
  - Sicherlich ist aber auch stichhaltig, dass …
  - Als Resümee lässt sich festhalten …

- Man darf nicht vergessen, dass … also …
- Ein abschließendes Urteil muss …

Die Regel-und-Ausnahme-Argumentation

Nicht risikofrei, aber besonders erfolgreich kann die folgende Argumentationsstruktur sein: Der Referent geht von einer allgemeinen Situation aus, die er zunächst kurz darstellt und die zu scheinbar klaren und eindeutigen Schlüssen führt. Nun versucht er aber, Gründe möglichst genau anzugeben, die keine allgemeine Bedeutung haben, sondern nur für diesen ganz besonderen Fall gelten und die die allgemeinen Regeln genau für diesen Fall – und nur diesen – außer Kraft setzen.

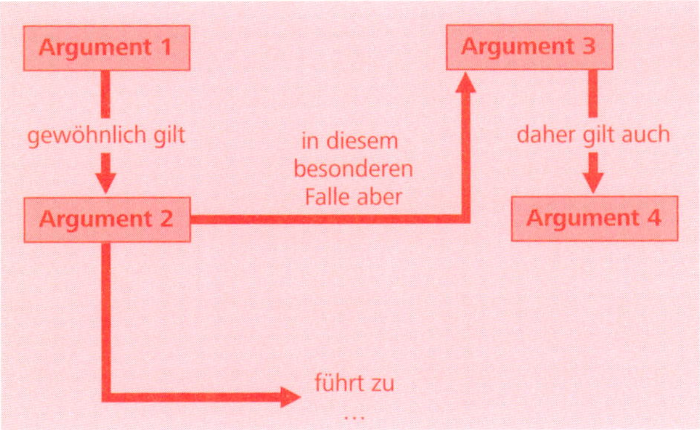

Vorteil: Da diese Argumentation explizit auf einen einzelnen Fall zugeschnitten ist, kann man die Zuhörer direkt ansprechen, evtl. sogar – je nach Thema – an ihr Gefühl appellieren. Die Zustimmung der Zuhörer zur eigenen Position fällt leichter, weil sie ja nur für den referierten Fall und nicht als allgemeine Regel gilt.
Nachteil: Wenn es dem Referenten nicht hundertprozentig gelingt, seine Zuhörerschaft von der Berechtigung dieser einen Ausnahme zu überzeugen, ist der Plan gescheitert – und dies ebenfalls zu hundert Prozent!

- Standardformulierungen für die Verknüpfung der Argumente bei dem **Regel–Ausnahme-Vorgehen** können sein:
  - Gerne wird gesagt, …, hier aber gilt …
  - Das mag in den meisten Fällen zutreffen, aber …
  - Keine Regel ohne Ausnahme, daher …
  - Grundsätzlich gilt zwar …, aber in diesem Falle …
  - Auch wenn normalerweise gilt …

4.3 Die rhetorische Trickkiste

Neben der rein sachlichen Ebene des Argumentationsaufbaus gilt es für jeden, der etwas mündlich einem Publikum vorträgt, auch die rhetorische Seite zu beachten, denn man will sein Referat ja möglichst erfolgreich halten (↗ S. 80). Die jahrtausendealte Kunst des Redens und Überzeugens hält ein riesiges Arsenal von Techniken, Methoden, Kunstgriffen und Tricks fairer und unfairer Art bereit. Die wichtigsten stellen wir hier kurz vor. Natürlich ist ein Referat weder ein politisches Pamphlet zur Niedermachung des politischen Gegners noch eine Werbeschrift zum Umgarnen Gutgläubiger, und daher sollte man die folgende Trickkiste sehr vorsichtig und sparsam einsetzen, aber es wäre grundfalsch (und produziert bei den Zuhörerinnen und Zuhörern eher Langeweile), auf sie völlig zu verzichten.

Faire rhetorische Mittel

Im ersten Teil der Trickkiste finden sich faire Techniken, die den Zuhörer nicht übers Ohr hauen wollen, sondern legitime Hilfsmittel zur Untermauerung der eigenen Botschaft darstellen.

Die Berufung auf Autoritäten

Sie ist die beliebteste rhetorische Technik, ohne die kaum jemals ein Redner/eine Rednerin auskommt. Der Vortragende zitiert wörtlich oder sinngemäß eine Autorität auf dem Gebiet, um das das Referat sich dreht, und kann sich hinter diesem sachlichen

Bollwerk quasi verschanzen, denn jeder, der diese Aussagen bezweifelt, greift nicht den Referenten, sondern die zitierte Autoritätsperson an.
Da man Zitate dadurch, dass man sie aus dem Entstehungszusammenhang und/oder ihrem Kontext herausreißt, in ihrer Aussage verändern, verfälschen, evtl. sogar ins Gegenteil verkehren kann, kann diese Technik aber auch leicht zur **Manipulation der Hörerschaft** missbraucht werden.

- **Häufig benutzte Figuren:**
  - „Schon der berühmte … hat gesagt: …"
  - „Lasst mich kurz den bekannten … zitieren …"
  - „Um es mit den Worten von … zu formulieren …"
  - „Wer kennt nicht den bekannten Ausspruch von …"

Der Appell an das Gefühl

Sachliche Aussagen werden auf die Ebene der Emotionen, Gefühle und (Vor-)Urteile gehoben. Auf diese Weise kann man an Wertvorstellungen, die bei den Zuhörerinnen und Zuhörern existieren, anknüpfen und sich mit ihnen solidarisch erklären. Die rhetorische oder Scheinfrage (↗ S. 122) ist das am häufigsten benutzte Stilmittel, um an Gefühle zu appellieren.

- **Typische rhetorische Fragen sind:**
  - „Ist es nicht ein Skandal, dass …"
  - „Müsste man nicht etwas gegen … unternehmen?"
  - „Seid ihr nicht auch der Meinung …"

Die Beschuldigung

Verknüpft mit dem Gefühlsappell ist die Beschuldigungstechnik: Den Zuhörern wird versucht vorzumachen, dass sie, wenn sie sich der Meinung des Referenten nicht anschließen, etwas Riskantes, evtl. sogar moralisch nicht Tragbares zu verantworten haben. Der Referent stützt sich auf ein Wertesystem, das er absolut setzt und nicht hinterfragt.

- **Beispiele für Formulierungen sind:**
  - „Wenn ihr nicht … wollt, müsst ihr euch darüber klar sein, dass …“
  - „Wer nicht will, dass … eintritt, muss …“
  - „Um … zu vermeiden, kann man, ja muss man …“

Der Appell an den gesunden Menschenverstand

Diese auch als „Bandwaggon“ (engl. für Musikwagen) bezeichnete Technik bewegt sich an der Grenze zu den unfairen Mitteln. Sie reklamiert für die eigene Position die Meinung der Mehrheit und drängt damit die Zuhörer, die sich der Meinung des Redners nicht anschließen, ins Abseits. Typische Floskeln für diese rhetorische Technik sind Einleitungssätze, die ein klares **Freund-Feind-Schema** aufbauen.

Diese Schwarz-Weiß-Malerei macht aber auch die Kehrseite der Bandwaggon-Technik deutlich: die Isolierungstechnik. Jeder, der sich nicht der Meinung des Referenten anschließt, wird isoliert, „in die Ecke gestellt“, als dumm, böswillig, verknöchert, beschränkt, verkalkt usw. gebrandmarkt.

- **Beispielformulierungen sind:**
  - „Kein vernünftiger Mensch kann bezweifeln …“
  - „Jeder, der etwas von dieser Sache versteht, weiß …“
  - „Nur diejenigen, die im Wolkenkuckucksheim leben, können glauben, dass …“.
  - „Nur wenige unbelehrbare Besserwisser glauben noch immer …“

Unfaire rhetorische Mittel

Den zweiten Teil der Trickkiste bilden beliebte bzw. gebräuchliche, aber eher unfaire rhetorische Strategien, die im Regelfall nicht oder nur sehr behutsam eingesetzt werden sollten. Sie werden hier trotzdem beschrieben, und das nicht zuletzt, um sie allen Leserinnen und Lesern zu erläutern und sie so ein Stück weit gegen diese Techniken zu immunisieren.

Persönlich werden

Die Grenze zur „Bandwaggon-Isolation" ist fließend und eigentlich nie genau bestimmbar. Derjenige, der persönlich wird, stellt nur scheinbar die Sache in den Vordergrund, argumentiert aber in Wirklichkeit gegen andere Personen oder Institutionen. Argumente werden ersetzt durch Attacken: Man unterstellt dem oder den Gegnern niedere Motive, fehlende Sachkenntnisse, mangelnde Bereitschaft zur Sorgfalt, Unglaubwürdigkeit, man macht ihn lächerlich, beleidigt ihn oder greift – im Extremfall – sogar körperliche oder sonstige Unzulänglichkeiten auf und verspottet diese.

- **Persönlich werden kann man mit Formulierungen wie:**
  - „Der … ist auch so ein typischer Karrierehengst …"
  - „Wenn du ehrlich zu dir selbst bist, kannst du nicht im Ernst behaupten …"
  - „Hätten sich die Mitarbeiter des … -Institutes um die Sache statt um ihren eigenen Vorteil gekümmert, wäre das nicht passiert …"

Übertreiben und Verallgemeinern

Diesem rhetorischen Trick liegt eine ganz einfache Technik zugrunde: Ein Einzelfall wird als typischer Allgemeinfall dargestellt und die Symptome dieses Einzelfalles werden dann als grundlegende Regeln bezeichnet.
In der Zeitung z. B. findet sich das Foto eines übergewichtigen Schülers, der sich mühsam über einen Barren quält, und der Redner macht daraus die Behauptung „Ein Großteil der heutigen Schüler ist zu dick!" und liefert auch flugs die Erklärung für dieses behauptete Phänomen: „Weil alle zu viele Doppelwhopper essen und sich zu wenig bewegen!"
Das funktioniert auch „wunderbar" bei falscher Übertragung: Ein ganz bestimmtes Ereignis wird auf andere Situationen, Umstände, Zeiten, Akteure oder Ziele übertragen und anschließend verallgemeinert.

- **Gängige Formulierungen sind:**
  - „Das ist mal wieder typisch für x …"
  - „Man hat in … gesehen, was passiert, wenn …, und genau das Gleiche wird wieder geschehen, wenn …"
  - „Schon der alte Grieche Pyrrhus hat den Sieg zu teuer bezahlt, und wir werden …"

Scheinlogische Trugschlüsse und falsche Alternativen
Ein bekanntes Beispiel in Form eines Witzes:

> Ein Mann kommt in ein Gasthaus und bestellt ein Schnitzel. Nachdem das Fleisch gekommen ist, rührt er es nicht an, lässt es zurückgehen und bestellt eine Flasche Wein, die er austrinkt. Als er sich entfernen will, ohne den Wein gezahlt zu haben, stellt der Restaurantbesitzer sich ihm in den Weg und es entspinnt sich folgender Dialog:
>
> Wirt: „He, Sie müssen noch den Wein bezahlen!"
> Gast: „Warum? Für den habe ich Ihnen doch das Schnitzel zurückgegeben!"
> Wirt: „Ja, aber das haben Sie doch auch nicht bezahlt!"
> Gast: „Warum auch, ich hab es ja gar nicht angerührt!"

Diese Trugschlüsse gibt es in unendlich vielen Varianten und die (moralisch zweifelhafte) „Kunst" des Redners besteht darin, sie so zu verpacken, dass die Zuhörer den unlogischen Zusammenhang nicht bemerken. Das Gleiche gilt für falsche Alternativen: Zwei Haltungen die miteinander harmonieren, werden als unversöhnlich gegenübergestellt.

4.4 Vortragstechniken

Stichwortkonzept
Wir alle haben schon oft Vorträge gehört: In der Schule vom Lehrer/von der Lehrerin, von der Schulleitung oder anderen „Honoratioren" anlässlich von Schulfeiern oder auch bei der

Präsentation eines Referates, im Fernsehen, in der Volkshochschule, dem Verein oder wo auch immer sonst.
Dabei haben wir erlebt, wie unterschiedlich so ein Vortrag bei den Hörerinnen und Hörern „ankommt"! Manche sind so öde, dass man nichts sehnlicher herbeisehnt als das Ende (↗ Tucholskys Ratschläge für einen schlechten Redner, S. 80), manche so spannend, dass man völlig vergisst, auf die Zeit zu achten.
Wir haben in unserem beruflichen und privaten Alltag immer wieder erlebt, dass die erste dieser beiden Möglichkeiten – also die Entstehung gähnender Langeweile – meistens daran liegt, dass der Referent bzw. die Referentin eine der beiden folgenden Vortagstechniken gewählt hat:

FEHLERQUELLE 1

Das Referat wird von Anfang bis Ende vorgelesen. Dieser scheinbar sicherste Weg liefert die **Misserfolggarantie** gleich mit, denn mehrere Faktoren verhindern das interessierte Zuhören:

- Derjenige, der nur stur vorliest, vernachlässigt den direkten (Blick-)Kontakt zu den Zuhörenden und kappt damit die Verbindung zu seinem Publikum – ohne diese Rückkoppelung aber kann eine Rede nicht erfolgreich sein! Ein Redner sollte zwischen 30–60% der Redezeit seine Zuhörerinnen und Zuhörer direkt anblicken!
- Schriftlich fixierte Sprache ist immer anders als ein mündlicher Beitrag – wir schreiben komplexer, durchdachter, grammatisch anspruchsvoller als wir sprechen. Wir wählen, wenn wir schriftlich einen Text entwerfen, die Worte präziser, dichter, terminologisch sauberer als in der gesprochenen Sprache.
- Die Konsequenz: Ein vorgelesener Text wirkt auf die Zuhörerschaft nicht nur hölzern und künstlich, sondern ist auch wegen seiner Dichte auf Anhieb kaum verständlich. Einen **zweiten Durchgang** wie beim Lesen gibt es aber nicht (↗ S. 78). Die Folge: Die Zuhörerinnen und Zuhörer schalten früher oder später ab.

FEHLERQUELLE 2

Der Referent/die Referentin lernt das Referat Wort für Wort, Satz für Satz auswendig und trägt das auswendig Gelernte dann vor. Auch von dieser Präsentationsform kann nur dringend abgeraten werden:

- Zwar ist auf diese Weise der Blickkontakt zu den Zuhörern möglich, die Methode ist aber gerade aus diesem Grunde auch störanfällig. Der erste kritisch guckende Zuhörer, die erste Unaufmerksamkeit, der erste halblaute Kommentar zum Nachbarn kann den Redner/die Rednerin völlig aus dem Konzept bringen, und da ein Prosatext ja erheblich schwerer auswendig zu lernen ist als ein Gedicht (↗ S. 20), ist häufig der völlige **Blackout** die Folge.
- Nur wirklich geübte Schauspieler können einen auswendig gelernten Text so lebendig und „natürlich" vortragen, dass beim Publikum der Eindruck von Spontaneität, Lebhaftigkeit und Ernsthaftigkeit entsteht. Bei allen anderen merkt man deutlich den inszenierten Charakter.

Fachleute sprechen von der **Introvertiertheit** (vom lat. nach innen gerichtet sein) des Redners, der völlig auf seinen Text bzw. das Auswendig Gelernte konzentriert ist und die Lücke, die sich zwischen ihm und seinen Publikum auftut, nicht wahrnehmen kann.

Es ist daher auf jeden Fall empfehlenswert, vor der Präsentation und unabhängig davon, ob man eine vollständige schriftliche Ausarbeitung angefertigt hat, ein Stichwortkonzept des Referates anzulegen.

Auch wenn es insbesondere ungeübten Redner davor graut, ohne zusammenhängenden Text, ohne auswendig Gelerntes vor ein Publikum treten zu müssen – das **Stichwortkonzept** ist wirklich der sicherste und letztlich auch einfachste Weg für einen erfolgreichen Vortrag!

Derjenige, der sich mit einem Stichwortkonzept an die Durchführung seines Referates macht, vermeidet nämlich sämtliche gerade skizzierten Fehler:

- Das Vortragen mithilfe eines Stichwortkonzeptes ermöglicht es dem Redner (spätestens nach einigen Vorübungen zu Hause, ↗ S. 102–103), den **Blickkontakt** zu seinen Publikum während der ganzen Zeit aufrechtzuerhalten.
- Die (unvermeidlichen) Störungen führen nicht zum völligen Blackout, im Gegenteil, der Redner kann sich durch einen Blick auf sein Konzept neu sammeln – und so gleichzeitig den Zuhörenden die Gelegenheit zu einer kurzen Denkpause geben, um das eben Gehörte zu verarbeiten.
- Im Stichwortkonzept stehen eben nur die zentralen Stichworte, die sprachliche Ausgestaltung dieser Aspekte erfolgt in der mündlichen Rede – der oben beschriebene Unterschied zwischen gesprochener und geschriebener Sprache taucht nicht auf oder bleibt sehr gering.

Der Zwang zum spontanen Formulieren lässt die „Schauspieler-Situation" erst gar nicht aufkommen, im Gegenteil, die Anstrengungen des Redners/der Rednerin, zu griffigen Formulierungen zu gelangen, wirkt auf das Publikum stimulierend und aufmerksamkeitssteigernd. Auch die Gefahr, in einen leiernden Ton zu verfallen, ist ausgesprochen gering.

Das Stichwortkonzept bildet so etwas wie das Knochengerüst des Referats, denn es gibt Sicherheit, wirkt gleichzeitig aber auch disziplinierend. Dem Anfänger wird es im Idealfall die Sprechangst nehmen bzw. sie so weit eindämmen, dass er im Verlauf seines Referates zunehmend an Sicherheit gewinnt. Aber auch für den „Profi" hat so ein Stichwortkonzept Bedeutung, es hält ihn nämlich inhaltlich bei der Sache. Nichts ist für den geübten Redner, der ohne jede Sprechangst vor sein Publikum treten kann, größer als die Verlockung, abzuschweifen, Exkurse einzubauen, den Schluss herauszuzögern usw. Das Stichwortkonzept wirkt disziplinierend, es hält die Rede zielgerichtet.

„Merkzettel" für die freie Rede

Das Stichwortkonzept kann auch unmittelbar als Redehilfe beim Vortrag genutzt werden, wenn es den nachfolgend beschriebenen Anforderungen an die Übersichtlichkeit entspricht. Die Redehilfe kann aber auch in einem weiteren Durchgang aus dem Stichwortkonzept entwickelt werden, das bleibt dem persönlichen Arbeitsstil des Einzelnen überlassen.

Man sollte sich allerdings über die völlig unterschiedlichen Funktionen von Stichwortkonzept und Merkzettel sowie die daraus folgenden Ansprüche an die optische Gestaltung im Klaren sein:

- **Das Stichwortkonzept** dient dem Referenten zunächst einmal dazu, sein Referat auf die inhaltlich wichtigsten Aussagen und Thesen zu verdichten und diese möglichst knapp und griffig zu formulieren. Er kann sich anschließend zu Hause dieses Konzept beliebig oft und beliebig lange ansehen. Das Stichwortkonzept lässt sich auch als Mindmap oder Cluster anfertigen, wenn man mit dieser Art der Vorbereitung gut zurechtkommt.
- **Der Merkzettel** muss sich in der Stresssituation der öffentlichen Rede vor Publikum bewähren, er muss dem Redner/der Rednerin im Bruchteil einer Sekunde zuverlässig Informationen und Orientierungshilfen bieten. Er muss daher auch der zeitlichen Abfolge der Rede entsprechen, weshalb wir z. B. Mindmaps oder Cluster für ungeeignet halten, weil sie das zeitliche Nacheinander eines Textes oder einer Rede ja gerade auflösen.

Gestaltung von Merkzetteln

Die wichtigsten Grundregeln für das Gestalten von Merkzetteln lauten:

- so **wenig Text** wie eben möglich,
- so **leserlich** und großgeschrieben wie möglich
- und so **übersichtlich** gestaltet wie möglich.

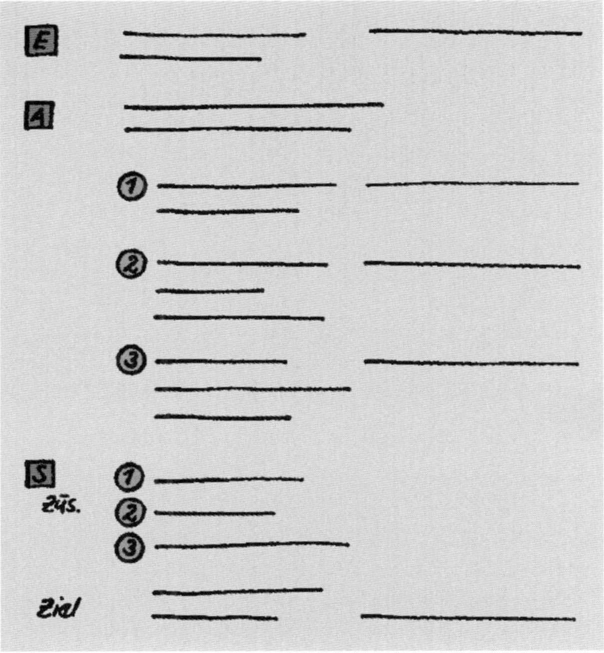

Für die Gestaltung von Merkzetteln gibt es zwei mögliche Alternativen. Wir raten dazu, beide Alternativen im Laufe eines Schülerlebens auszuprobieren und sich dann für diejenige zu entscheiden, die einem besser gefällt.

ALTERNATIVE 1 Sie besteht daraus, ein oder mehrere Blatt Papier (am besten DIN A4) zu nehmen und diese klar gegliedert und übersichtlich geordnet (wie auf der Grafik oben angedeutet) zu beschreiben. Man sollte auf keinen Fall die Rückseiten beschreiben (dies gilt auch für Alternative 2), denn umblättern oder umwenden lenkt meistens ab und führt zu Unkonzentriertheiten.

ALTERNATIVE 2 Hierfür braucht man eine ganze Reihe von Karteikarten (DIN A6 oder A7). Deren Vorderseite beschreibt man dann genauso klar gegliedert und übersichtlich geordnet. So könnte man in Bezug auf die Grafik je eine Karteikarte für E, A1, A2, A3, S und Ziel nehmen. Diese Karteikarten werden sicherheitshalber oben in der Ecke durchnummeriert und hintereinander gelegt. Während der Rede wird dann die jeweils abgearbeitete Karte nach hinten in den Stapel gesteckt.
Nach unseren eigenen Erfahrungen ist Alternative 1 dann von Vorteil, wenn man ein Rednerpult zur Verfügung hat bzw. sein Referat am Tisch sitzend halten kann, denn dann hat man genügend Platz zur Verfügung. Alternative 2 bietet sich an, wenn man wirklich „frei" – also ohne Pult usw. – redet oder wenn man während des Referates den Standort ändert, um z. B. Folien aufzulegen oder Dias zu zeigen.

Persönliche Vorbereitung auf das Referat

Eines sollte jedem, der ein Referat mündlich präsentieren will, klar sein: Redeängste, Hemmungen und Lampenfieber – und damit verbunden Herzrasen, „weiche Knie", Schweißausbrüche – sind etwas völlig Normales! Selbst geübte Schauspieler, die ihren Beruf seit Jahrzehnten ausüben, berichten völlig offen darüber, dass sie regelmäßig vor jedem Auftritt von Ängsten und Zuständen dieser Art befallen werden. Und Humanbiologen und Mediziner haben längst nachgewiesen, dass ein bestimmter Adrenalinspiegel – also die hormonelle Entsprechung zu diesen Ängsten und Zuständen – den Menschen wacher, reaktionsschneller und leistungsfähiger macht. Und das ist gut so, denn schließlich ist man als Referent engagiert, will etwas erreichen, hat sich Ziele gesetzt!

Es kann und muss also nicht darum gehen, diese Ängste zu ignorieren oder zu verdrängen, sondern darum, sie so unter Kontrolle zu bekommen, dass sie den Redeerfolg nicht behindern. Viele geübte Redner und auch professionelle Rhetoriker haben eine Fülle von Ratschlägen, Tipps und Tricks zum Abbau von Redeängsten, Hemmungen und Lampenfieber veröffentlicht – und alle halten den folgenden Rat für den wichtigsten überhaupt (und nicht nur in Bezug auf Redeängste): Man sollte Situationen, die einem Angst einjagen, niemals ausweichen! Jede **Vermeidungsreaktion**, wie die Psychologen dies nennen, verschlimmert die Angst vor der Situation – und das kann durchaus so weit gehen, dass man als Referent wirklich derart blockiert ist, dass man im wahrsten Sinne des Wortes kein Wort mehr herausbekommt. Also sich lieber ganz bewusst und möglichst frühzeitig in der Schule dieser Situation stellen.

Hier noch einige weitere Tipps und Hinweise, die wir für wichtig halten:

- angemessene inhaltliche Ansprüche an sich stellen: Ein Referat ist keine Doktorarbeit (↗ S. 23), aber auch kein Schlafmittel für den Rest der Klasse.
- sich darüber im Klaren sein, dass man es niemals allen recht machen kann
- sich sorgfältig inhaltlich vorbereiten
- nur bequeme Kleidung wählen, in der man sich wohl fühlt
- seine Materialien vorher sorgfältig ordnen
- sich rechtzeitig um evtl. benötigte technische **Hilfsmittel** kümmern (ggf. Hausmeister, Schulassistent um Hilfe bitten), die Funktion vorher ausprobieren und – falls nötig – die Bedienungshandgriffe vorher einüben: Nichts ist ärgerlicher und bringt einen Redner völlig unnötig aus dem Konzept, als wenn eigentlich simple technische Dinge, an die man vorher gar nicht gedacht hatte, bei der Präsentation nicht funktionieren.
- direkt vor Beginn des Referates: Konzentration auf die bevorstehende Aufgabe (jetzt nicht an unangenehme Dinge denken, die vielleicht am nächsten Tag zu erledigen sind), in die bevorstehende Situation schon geistig „eintauchen“ und ruhig und klar werden.

Körpersprache

Die Körpersprache ist ebenso wie die im nächsten Abschnitt erläuterte Phonik (↗ S. 108–109) eines unserer tierischen Erbteile. Sie ist in der Entwicklungsgeschichte der Menschheit zwar weitgehend durch die verbale (gesprochene) Sprache überlagert worden, damit aber keineswegs verschwunden. Während Tiere auf Gedeih und Verderb darauf angewiesen sind, gegenseitig ihre Stimmungen und Gefühle aus der Mimik, der Gestik, der Lautgebung usw. abzulesen, können wir Menschen uns dieses ja gegenseitig sagen – also wozu Körpersprache? Ganz einfach deswegen, weil wir die Körpersprache und die Phonik (mehr oder weniger unbewusst oder halbbewusst) einsetzen bzw. als Zuhörerinnen und Zuhörer verstehen müssen, zumindest so lange, wie wir uns gegenseitig sehen und hören.

BEISPIEL Ein Lehrer, der in ängstlichem Tonfall und mit fest über der Brust verschränkten Armen zur Klasse sagt: „Ich bin für alles offen, ihr könnt mit allem zu mir kommen!“, signalisiert durch Tonfall und Gestik das Gegenteil dessen, was er mit Worten sagt.

Das Problem bei der Körpersprache (und der Phonik) allerdings ist, dass sie uns eben weitgehend nicht bewusst und daher üblicherweise kaum kontrollierbar ist, und dies besonders in einer Stresssituation wie dem Vortrag vor einem Publikum. In dieser Situation hat man in der Regel anderes zu tun, als sich um seine eigene Mimik, Gestik usw. zu kümmern.

Dennoch sollte jeder, der ein guter Redner werden will, einige wenige Grundlagen des **Vokabulars der Körpersprache** kennen, und versuchen, diese in der Redesituation nicht völlig zu vergessen, denn manches kannst du wirklich bewusst steuern und gezielt einsetzen.

Man muss ja nicht so weit gehen wie ein römischer Politiker, der bei jeder Rede im Senat heftig mit den Schultern zuckte und daraufhin begann, jeden Tag zu Hause das Reden zu üben. Er

hängte sich dazu zwei scharf geschliffene Schwerter so dicht über die Schultern, dass sie ihm bei jedem Schulterzucken schmerzhaft ins Fleisch fuhren.
Diejenigen, die sich beruflich mit Körpersprache beschäftigen, unterscheiden insgesamt vier Ebenen.

Mimik

Mimik meint alles das, was man mit den Gesichtsmuskeln anstellen kann. Wichtigster Aspekt für den Redner/die Rednerin ist der Blickkontakt, auf den wir bereits auf S. 99 eingegangen sind. Eine stark gerunzelte Stirn, zusammengekniffene Augen, ein drohend vorgerecktes Kinn, ein steile Falte zwischen den Augenbrauen – all das signalisiert Aggression, Übellaunigkeit usw. und sollte vermieden werden (es sei denn, als schauspielerische Einlage, um z. B. jemand anderen zu charakterisieren). Positiv, weil offen, wirken dagegen ein freundlicher Blick, geöffnete Augen, ein leichtes Lächeln usw.

Gestik

Mit Gestik wird all das bezeichnet, was wir mit Armen und Händen ausdrücken können. Auch hier gilt, dass alle Gesten, die Offenheit signalisieren, gesprächs- und vortragsfördernd wirken. Es sind dies z. B. die geöffneten, vor der Brust gespreizten oder leicht nach oben geöffneten Hände, die linke, flach auf das Herz gelegte Hand usw.
Das Gegenteil, nämlich autoritäres Gebaren und Besserwisserei, signalisieren z. B. der steil aufgestellte Zeigefinger, der auf den Tisch pochende, gekrümmte Zeigefinger oder der aufgestellte Daumen. Redner, die sich an der Tischkante festklammern oder die Hände ineinander verschränken, signalisieren dagegen Unsicherheit.

Die zehn Gestik-Regeln

1. Benutze beide Hände für dieselbe Gestik.
2. Verstecke Hände nicht in Hosen- oder Jackentaschen.
3. Verschränke deine Hände nicht hinter dem Körper.
4. Falte deine Hände nicht vor dem Körper.
5. Halte deine Hände oberhalb deiner Gürtellinie.
6. Lege deine Hände locker zusammen.
7. Mache raumgreifende Gesten zur Unterstreichung des Gesagten.
8. Lasse deine Hände mitreden und mitarbeiten.
9. Vermeide wildes Gestikulieren.
10. Präsentiere nach Möglichkeit barrierefrei – ohne Rednerpult.

Körperhaltung

Es gibt typische „Beziehungssperren“ und „Gesprächsverhinderer“ – z. B. die fest über der Brust verschränkten Arme. Auch das „Verbarrikadieren“ hinter dem Tisch, dem Pult oder auch dem in Kopfhöhe gehaltenen Buch wirken eher hindernd als fördernd. Aber Vorsicht – man darf auch nicht übertreiben: Ein Referent, der sich vorne auf dem Tisch räkelt, die ganze Zeit mit den Beinen schlenkert oder Ähnliches wirkt auf die Zuhörerinnen und Zuhörer eher enervierend.

Proxemik

Damit ist das Verhalten im Raum gemeint. Du solltest dir darüber im Klaren sein, dass du zumindest in der Zeit, in der du dein Referat präsentierst und diskutierst, die wichtigste Person im Klassenraum bist und du dich also nicht verstecken darfst! Natürlich spricht nichts dagegen, in einem kleinen Oberstufenkurs, der ohnehin immer im Kreis sitzt, das Referat im Sitzen vom eigenen Platz aus zu halten, aber dies ist ganz sicher eher eine Ausnahmesituation – im Regelfall sollte man das Referat vorne vor der Klasse und auch möglichst im Stehen halten. Spätestens dann, wenn du im Reden schon etwas geübt bist, wirst du die Vorteile dieser „proxemischen Überlegenheit" erkennen und anfangen, dich freier im Raum zu bewegen.

	Abstand in cm	Distanzen
	ca. 400	öffentlich
	120–360	sozial
	50–120	persönlich
	ca. 45	intim

Non- und paraverbale Ebene

Wie die Körpersprache ist auch die **Phonik** (das ist die **Tonlehre**) „ehrlicher“ und damit verräterischer als die gesprochene Sprache, sie signalisiert nämlich direkt die emotionalen Befindlichkeiten und Gefühle des bzw. der Sprechenden. Deshalb gilt auch hier, dass man sich als Redner – gerade in der komplizierten Stresssituation des Vortragens – nicht auf diese Ebene konzentrieren kann.

Das sollte dich aber nicht daran hindern, bewusst einige „Unarten“ zu kontrollieren und durch Übung abzustellen:

- **Fülllaute** wie „äh“, „öh“, „mhm“ usw. deuten auf Unsicherheit oder schlechte Vorbereitung (oder beides) hin. Sie wirken auf die Zuhörerschaft störend und ablenkend und sollten deshalb möglichst unterbleiben.

- Das **Sprechtempo** sollte richtig gewählt werden. Nicht zu langsam, denn das produziert Langeweile, aber auch auf keinen Fall zu schnell. Der Schnellsprecher, der dann vielleicht auch noch die Endsilben verschluckt, wirkt gehetzt, unsicher und von dem Inhalt seines Vortrages selbst nicht überzeugt, was sich schnell sein Publikum übertragen wird. Du solltest auch unbedingt darauf achten, dass das Sprechtempo während des gesamtem Referates gleichmäßig bleibt. Nichts ist verlockender – aber auch störender – als gegen Ende des Referates, wenn man schon auf der Zielgerade ist, zum „Endspurt" anzusetzen, weil man die Sache bald hinter sich hat.
- **Sprechpausen** gehören dort hin, wo die Grammatik oder die Rhetorik sie erfordert – also nicht völlig unmotiviert mitten in einen Satz, das verhindert nur das inhaltliche Verständnis.
- Die **Sprachmelodie** sollte dem Thema angemessen sein. Also nicht ein Referat über die Kohlenstoffverbindungen so vortragen, wie Romeos Liebeserklärung an Julia geklungen haben mag. Im Schulalltag erleben wir eher die sprachliche Monotonie. Ein Referat mag inhaltlich noch so gut sein, aber wenn der Referent es mit völlig unmodulierter Stimme im leiernden Tonfall vorträgt, wird niemand seine inhaltliche Attraktivität bemerken.

Wo **woh** nen Sie ? Ich wohne in **Zü** rich

In **Ba** sel? Nein, in **Zü** rich

Wie **hei** ßen Sie ? Ich heiße **An** na

Heißen Sie **Kauf** mann? Nein, ich heiße **Stein** mann

4.5 Visualisierung zur Unterstützung

Visualisierung planen

Auch ohne sich groß mit Lerntheorien beschäftigt zu haben, wird jeder Laie einsehen, dass ein Vortrag durch optische Hilfsmittel verständlicher wird und dem Publikum nachhaltiger im Gedächtnis bleibt. Ein Referat z. B. über den Verlauf der kriegerischen Konflikte im ehemaligen Jugoslawien ohne eine Landkarte, die zumindest die komplizierten Grenzziehungen in dieser Region zeigt, wäre zum Scheitern verurteilt, da die Zuhörer schnell jeden Überblick über die Ereignisse verlieren werden. Fachleute schätzen, dass durch zusätzliche optische Hilfen die Zuhörerinnen und Zuhörer etwa 30 % mehr verstehen und auch behalten – eine Visualisierung des Referates ist also auf jeden Fall eine lohnende Sache!

Wenn man mit der inhaltlichen Planung seines Referates fertig ist und es komplett aufgeschrieben bzw. ein Stichwortkonzept erstellt hat, sollte man sich für die Visualisierung die folgenden – teilweise alternativen – Fragen stellen bzw. Entscheidungen treffen:

- Sollen die Visualisierungshilfen die wesentlichen Argumente des Referates wiederholen und verdeutlichen?
- Sollen den Zuhörern Orientierungshilfen gegeben werden?
- Oder soll das bereits Gesagte erweitert und ergänzt werden?
- Sollen Informationen leichter erfasst werden?
- Sollen die Zuhörer auf der emotionalen Ebene angesprochen werden?
- Soll das Behalten des Gesagten gefördert werden?
- Sollen die Betrachter einbezogen, evtl. sogar zu Stellungnahmen veranlasst werden?

Von der Beantwortung dieser Fragen hängt die konkrete Gestaltung der Visualisierung sehr stark ab, denn ob man z. B. mit einem bestimmten Foto zu einer Stellungnahme provozieren will oder ob das Foto das bereits Gesagte untermauern soll, ist von entscheidender Bedeutung bei der Auswahl.

Visualisierungsmedien

Für schulische Referate kommen wohl in erster Linie der Overheadprojektor und selbst angefertigte Plakate, Wandzeitungen oder Pinnwände in Betracht, evtl. auch das Flipchart und die Tafel – Letztere vor allem dann, wenn man geplant hat, die Visualisierung (also das Tafelbild) erst im Laufe des Vortrages entstehen zu lassen. Dies hat zwar den Nachteil, das es relativ viel Zeit kostet, bringt aber auch den Vorteil, dass die Zuhörenden den Entstehungsprozess und das allmähliche Komplexer-Werden verfolgen können.

Die Grundregeln für alle Arten von Visualisierung lauten:

- Im **Weglassen** liegt die Kunst! Also so wenig Text und Grafik wie möglich.
- Die „vier Verständlichmacher" beachten: **Einfachheit, übersichtliche Gliederung**, **prägnante Kürze**, Einsatz **grafischer Elemente**.

Text

Immer von links oben nach rechts unten, immer in deutlicher lesbarer Schrift oder Druckschrift bzw. den Computer nutzen.

Grafische Symbole

Sie dienen der Hervorhebung und Verdeutlichung von Informationen bzw. Argumenten und haben zusätzlich die Funktion der Auflockerung – gerade für „trockene" Themen sind sie besonders geeignet. Wenn man z. B. ein Argument nicht mit einem simplen Rechteck, sondern einer Wolke, einer Sonne, einer Glühbirne o. Ä. umrahmt, ist der Aha-Effekt bei den Zuhörenden deutlich größer. Auch als bloße Verzierung freier (bzw. bewusst freigehaltener) Flächen haben grafische Symbole eine wichtige ästhetische Funktion (↗ S. 112).

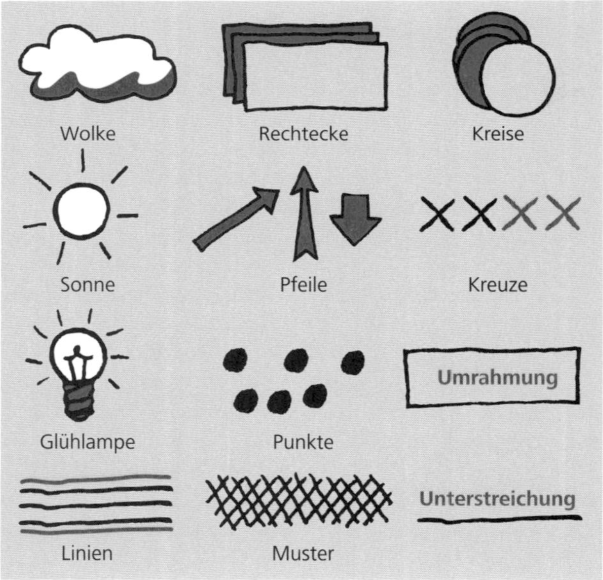

Logische Symbole

Logische Symbole kommen aus der Mathematik und vermögen kurz und prägnant Beziehungen zwischen einzelnen Aussagen herzustellen – z. B. das Pluszeichen für eine Zusammenfügung von Argumenten, das Gleichheitszeichen für ein Resümee, der Doppelpfeil für „daraus folgt“ usw.

Diagramme

Säulen-, Torten- und Kurvendiagramme sind besonders dazu geeignet, Entwicklungen und Tendenzen zu verdeutlichen – man kann mit ihnen allerdings gewaltig manipulieren! Allein die Wahl eines Maßstabes bei einem Kurvendiagramm z. B. kann dessen Aussagen extrem beeinflussen: Je kleiner man den Maßstab auf einer der beiden Achsen wählt, desto größer werden die Ausschläge der Kurve. Man sollte also bei der Vorbereitung von Diagrammen darauf achten, dass die Aussagen deutlich, aber nicht übertrieben oder künstlich dramatisiert wirken, denn das schlägt dann, wenn die Zuhörer es merken, leicht in das Gegenteil des Beabsichtigten um.

Umsatzanteile

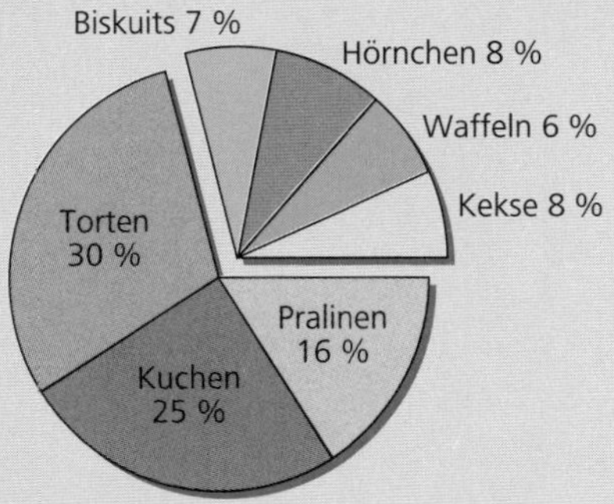

Ausfallzeit

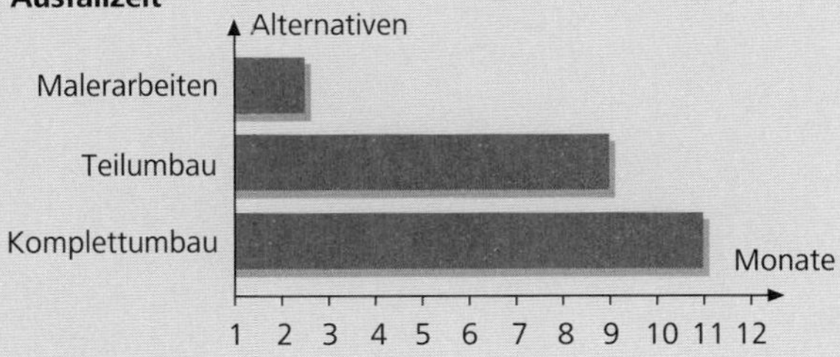

Flussdiagramme

Flussdiagramme (auch Organigramme genannt) sind in besonderer Weise geeignet, um Verlaufs- bzw. Entscheidungsprozesse grafisch sicht- und nachvollziehbar zu machen.

„Checkliste“ für die Wahl der Prüfungsfächer

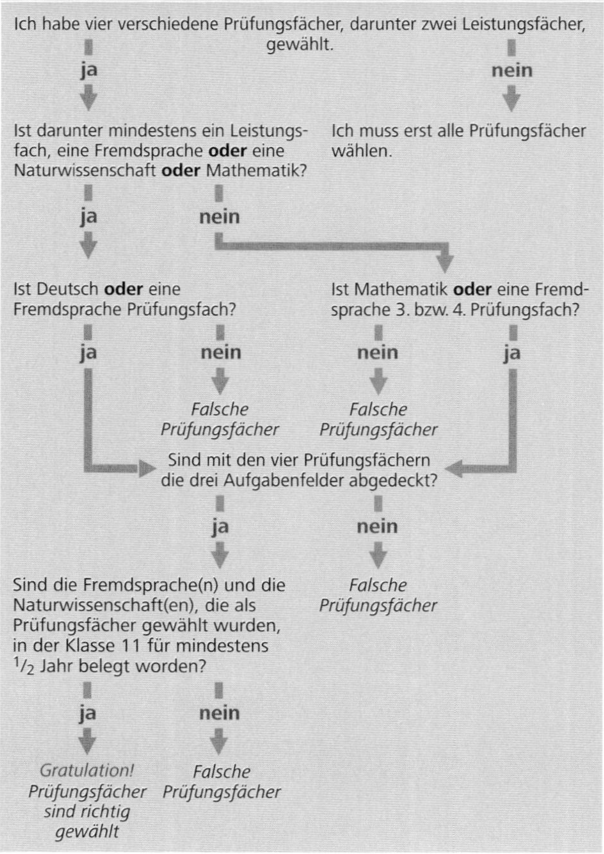

Die eigentliche Stärke dieser Form der optischen Aufbereitung liegt in der ebenso deutlichen wie strukturierten Darstellung von Prozessen, bei denen an bestimmten Stellen zwei oder mehr Alternativen möglich sind. Die Konsequenzen, die die Entscheidung für jeweils eine der Alternativen hat, lassen sich bis ins Detail grafisch darstellen.
Man sollte sich allerdings davor hüten, zu viel in solch ein Diagramm zu „packen", denn das wirkt dann leicht unübersichtlich und schüchtert das Publikum durch die **Überfrachtung mit Informationen** eher ein. Flussdiagramme müssen also sehr übersichtlich strukturiert werden.

Farbe

Falls man zu Hause am Computer Vorlagen für Overheadfolien erstellt und diese dann in der Schule auf Folie kopiert, stellt sich das Problem Farbe im Regelfall nicht, es sei denn, man fügt per Hand farbige Elemente ein. Schöner ist es für alle diejenigen, die einen Computer samt Farbdrucker haben, direkt und mit Farbe auf eine Spezialfolie zu drucken Man sollte allerdings auch hier nicht übertreiben und maximal drei Farben zur Hervorhebung, Verdeutlichung oder Strukturierung benutzen.

Ansprüche an Diaserien und Filme

Vorweg eine wichtige Überlegung:
Ein Referat in der Schule ist etwas ganz anderes als beispielsweise ein Diavortrag in der Volkshochschule (↗ Zielgruppe, S. 81). Derjenige, der in der VHS einen Diavortrag oder einen Film mit anschließender Diskussion (z. B. über einen exotischen Urlaub) ankündigt, kann und darf mit einem völlig anderen Publikum rechnen als der Schüler, der vor der Klasse ein Referat zu halten hat. Erwachsene Menschen, die sich abends freiwillig und aus Interesse in eine Veranstaltung begeben, sind ganz einfach pflegeleichter als eine Schulklasse an einem ganz normalen Schulvormittag – da sollte man sich keinen Illusionen hingeben. Diaserien oder Filme sind noch lange keine Selbstläufer.

Dennoch hat der Referent, der zur Unterstützung seines Referates eine Diaserie oder einen Film einsetzt, zunächst einmal alle Vorteile auf seiner Seite, denn der Einsatz audiovisueller Medien bedeutet auf jeden Fall Abwechslung.

Aber auch hier gilt, dass in der Kürze die Würze liegt und die große Kunst die des Weglassens ist! Hierbei sollte man sich von den folgenden Fragen leiten lassen:

- Sind die herausgesuchten 10, 20 oder 30 Dias wirklich jedes für sich genügend aussagekräftig?
- Vermittelt jedes Bild gegenüber dem vorhergehenden oder nachfolgenden eine eigene, eigenständige Information oder variiert es nur die Aussage des Vorläufers bzw. Nachfolgers?
- Ist der Film bzw. der Filmausschnitt wirklich in voller Länge notwendig?

Sind die Visualisierungshilfen nur Lückenbüßer?

Hinzu kommt gerade bei selbst produzierten Dias oder Filmen eine Reihe technischer Ansprüche:

- Sind die Dias/ist der Film von der Schärfe und Farbe her kontrastreich, brillant und scharf genug?
- Stehen die Perspektive und der gewählte Bildausschnitt im Dienste des Referatsthemas?
- Haben Ton, Bildschnitt und musikalische Untermalung ein akzeptables Niveau?
- Und *last but not least*: Ist das Ganze für die Zuhörer ernst zu nehmen oder handelt es sich doch eher um Klamauk?

Und ganz selbstverständlich muss man sich vorher mithilfe der Fragen auf ↗ S. 110 (Visualisierung planen) über die Funktion im Klaren sein, die das Dia oder der Film haben soll. Wenn man z. B. in dem Beispiel „Geschäft Leistungssport?“ ein Bild präsentiert, das die Verletzungen eines ehemaligen Leistungssportlers zeigt, hat das eine völlig andere Funktion als etwa eine Tabelle über die Gehälter von Fußballprofis. Die Zielsetzung prägt eben die Auswahl der Dias oder des Filmausschnittes.

Lern-Check: Teste dein Wissen!

Kapitel „Referate mündlich präsentieren“	O. K. ✓	Das muss ich noch mal lesen
Ich kann die Zielgruppe für meinen Vortrag bestimmen.		S. 81
Ich kann die Funktion erläutern, die Einleitung, Hauptteil und Schluss für einen Vortrag haben.		S. 82–86
Ich kann unterschiedliche Argumentationsmuster erkennen und sie gezielt anwenden.		S. 86–92
Ich kenne die gängigen rhetorischen Hilfsmittel und kann sie anwenden.		S. 92–94
Ich falle nicht auf unfaire rhetorische Mittel herein.		S. 94–96
Ich weiß um die Bedeutung des Blickkontaktes während eines Vortrages und bin in der Lage, ein Stichwortkonzept zu erstellen.		S. 96–99
Ich kann die Grundregeln zur Gestaltung von Merkzetteln für die freie Rede wiedergeben.		S. 100
Ich verfüge über Techniken zur optimalen Vorbereitung auf meinen Vortrag.		S. 102, 103
Das „Vokabular“ der Körpersprache ist mir bekannt.		S. 104–108
Ich bin in der Lage, während meines Vortrages auf die non- und paraverbale Ebene zu achten.		S. 108, 109
Ich kann die vier „Verständlichmacher“ aufsagen.		S. 111
Ich kann logische Symbole gezielt einsetzen.		S. 112
Ich kann die unterschiedlichen Diagrammarten erläutern und sie gezielt einsetzen.		S. 113–115

5 Die Anschlussdiskussion moderieren

Das folgende Kapitel ist dann wichtig, wenn im Anschluss an die Präsentation eine Diskussion in der Klasse über den Inhalt oder die Konsequenzen des Referates geplant ist bzw. vom Lehrer verlangt wird. Dies ist nach unseren Erfahrungen der Normalfall, und auch die Regelung, dass der Referent die anschließende Diskussion moderiert, ist – zumindest ab Mitte der Sekundarstufe I – üblich. In dieser Situation ist das Beherrschen einiger einfacher Techniken enorm wichtig, daher werden hier knapp die wichtigsten **Moderationsmethoden** vorgestellt.

Zunächst aber noch einige wichtige Vorüberlegungen zu der Funktion des **Moderators/der Moderatorin**. Seine bzw. ihre Aufgaben beziehen sich auf drei ganz unterschiedliche Bereiche:

- **Formal:** Der Moderator ist (im Rahmen des vom Lehrer üblicherweise Vorgegebenen) **Zeitwächter**, das heißt, er bestimmt und regelt die verschiedenen Diskussionsphasen.
- **Inhaltlich:** Der Moderator hat die Aufgabe, Missverständnisse zu klären und Fehldeutungen zu beseitigen, Sachverhalte zusammenzufassen und die Diskussion vorzustrukturieren.
- **Sozial:** Der Moderator koordiniert die Wortmeldungen und achtet im günstigsten Falle darauf, dass auch zurückhaltendere Schüler zu Wort kommen. Außerdem bemüht er sich gegebenenfalls um Versachlichung des Gesprächs (dazu mehr auf ↗ S. 125).

Wir haben uns bewusst für den Begriff „Moderieren“ entschieden, da die früher gebräuchliche Bezeichnung **Diskussionsleiter** die Position des Moderators zu sehr in den Vordergrund stellt.

Es geht eben nicht um die „Leitung" des Gesprächs, sondern um die Schaffung von Gesprächsanlässen und die Strukturierung dieses Gesprächs.

5.1 Moderationsmethoden

Fragen

Die „Kunst des Fragens" ist die wichtigste Voraussetzung zum Moderieren, sie gehört gewissermaßen zur Grundausstattung des Moderators und ist das eigentliche Zentrum jeder Diskussion. Mit gezielten und geschickten Fragen kann man alle Zuhörer einbeziehen, das Wissen der Zuhörer bzw. das, was von dem Referat behalten und verstanden wurde, offenlegen, einen Grundkonsens bzw. eine klare inhaltliche Konfrontationslinie schaffen und nicht zuletzt das weitere Vorgehen planen. Darüber hinaus können Fragen auch über Stimmungen, emotionale Befindlichkeiten usw. Auskunft geben.

Der Inhalt dessen, was man als Moderator fragt, hängt natürlich immer vom Thema, den Zuhörern und den eigenen Absichten ab und kann hier nicht verallgemeinert werden. Fragen haben aber auch immer neben dieser inhaltlichen eine formale Seite, die sich eindeutig bestimmen lässt. Als Moderator bzw. Moderatorin muss man sich im Klaren darüber sein, mit welcher **Frageform** man was erreichen kann.

Vorfragen

Zu Beginn der Diskussion sollte man zunächst einmal fragen, ob Sachverhalte oder Argumente nicht verstanden worden sind. Hierbei bewährt sich immer wieder, diese Fragen zunächst einmal zu sammeln und sie dann schnell innerlich zu ordnen, um anschließend eine strukturierte Antwort geben zu können. Außerdem gewinnt man auf diese Weise Zeit, wenn man durch eine Frage „auf dem falschen Fuß erwischt" wurde oder sie sonst irgendwie unangenehm für einen selbst ist.

- Standardformulierungen für **Vorfragen** können z. B. sein:
  - Welche Begriffe, Fremdwörter, Formulierungen habt ihr nicht verstanden?
  - Welche Sachaussagen oder Argumente müssen noch einmal wiederholt werden?
  - Welche sachlichen Widersprüche oder Gegenpositionen gibt es?
  - Gibt es Fragen in Bezug auf die Quellen?

Offene Fragen

Bei offenen Fragen werden keine möglichen Antworten vorgegeben, die Zuhörerinnen und Zuhörer können völlig frei antworten. Das ist gleichermaßen reizvoll wie riskant, denn offene Fragen laden wie keine andere Frageform zu persönlichen Stellungnahmen ein, bergen aber eben deshalb auch die Gefahr vorsätzlicher Störungen. (Mehr dazu im Abschnitt zu „Killerphrasen", ↗ S. 125). Hinzu kommt, dass offene Fragen häufig auch ziemlich vage und wenig präzise sind. Gerade bei Klassen, die ohnehin eher zurückhaltend und wenig diskutierfreudig sind, kann diese Frageart daher auch zeitlich wirkungslos verpuffen.

- Standardformulierungen für **offene Fragen** können beispielsweise sein:
  - Was meint ihr dazu? (Die häufigste, aber auch unpräziseste Einstiegsfrage)
  - Hat jemand etwas dazu zu sagen?
  - Wer möchte sich zu einem der Aspekte des Themas äußern?
  - Nun sagt doch etwas dazu! (Ein eher hilfloser Appell)

Geschlossene Fragen

Sie lassen nur wenig Alternativen (häufig nur zwei) zu und sind wenig geeignet zur Einbeziehung aller oder zur Entfaltung komplexer Aspekte, aber sinnvoll zur Strukturierung oder auch der Planung des weiteren Vorgehens. Auch wenn es darum geht,

Sachverhalte zu elementarisieren und auf einige klare Kernaussagen zu reduzieren oder auf die Spitze zu treiben, sind Fragen des geschlossenen Typus sinnvoll. Wenn man einmal aufmerksam politische Talk-Shows beobachtet, kann man sehr gut nachvollziehen, wie die Moderatoren von offenen zu immer geschlosseneren Fragen übergehen, wenn sie von dem oder den Politikern eindeutige Stellungnahmen oder Aussagen haben wollen – fast immer landen solche Sendungen bei den gleich beschriebenen Entscheidungsfragen.

- Standardformulierungen für **geschlossene Fragen** können z. B. sein:
  - Welche meiner Argumente findet ihr aus welchen Gründen (nicht) überzeugend?
  - Welche Aspekte des Themas findet ihr aus welchen Gründen (nicht) akzeptabel?
  - Welche der vorgestellten Alternativen haltet ihr aus welchen Gründen für die beste?
  - Was würdet ihr tun, wenn ihr … wäret?
  - Wie würdet ihr euch entscheiden, wenn …?

Entscheidungsfragen

Eigentlich eine Sonderform der geschlossenen Frage, sie erfordert die klare Entscheidung zwischen zwei Alternativen. Dies ist insbesondere dann sinnvoll, wenn es dem Moderator/der Moderatorin darauf ankommt, ein Streitgespräch zwischen zwei Gruppen zu inszenieren oder – was in der Schulsituation aber kaum vorkommt – wenn es darum geht, jemanden in die Ecke drängen zu wollen, ihn zu einer eindeutigen Stellungnahme zu zwingen, ihn auf eine Position festzunageln.

- Standardformulierungen für **Entscheidungsfragen** können z. B. sein:
  - Wer ist für Alternative A, wer für B?
  - Bist du/seid ihr für …?

Rhetorische Fragen

Dies sind **Scheinfragen**, die eigentlich keine alternativen Antworten erwarten, sondern die Antwort in eine bestimme Richtung schon enthalten. Sie haben im Regelfall keine echte Fragefunktion, sondern gehören in die rhetorische Trickkiste, da sie das Publikum – schlicht gesagt – manipulieren wollen. Die Offenheit der Fragesituation (der/die Fragende erwartet eine Antwort in die eine oder andere Richtung) ist hier also nur eine scheinbare. Rhetorische Fragen bergen damit natürlich das Risiko in sich, dass einer der Zuhörer dies erkennt und bewusst durchbricht.

- Standardformulierungen für **rhetorische Fragen** können z. B. sein:
  - Muss man nicht sagen, dass … ?
  - Du bist/ihr seid doch auch der Meinung, dass …?
  - Kann man wirklich ernsthaft bestreiten, dass …?
  - Muss nicht jeder zugeben, dass …?

Suggestivfragen

Suggestivfragen gehen noch ein Stück weiter als rhetorische Fragen und sind von diesen nur schlecht abzugrenzen. Sie suggerieren dem Zuhörer eine der möglichen Antworten als einzig angemessene und richtige und qualifizieren alle anderen möglichen Antworten als dumm, naiv, verbrecherisch … ab. Man sollte als Moderator ausgesprochen vorsichtig mit dem Einsatz von Suggestivfragen umgehen, denn sie provozieren bei denjenigen, die die manipulatorische Absicht erkennen, fast automatisch Protest.

- Standardformulierungen für **Suggestivfragen** können sein:
  - Kann man als intelligenter Mensch wirklich ernsthaft bestreiten, dass …?
  - Ist es nicht geradezu verbrecherisch dumm zu glauben, dass …?

Gegenfragen oder zurückgegebene Fragen

Eine an den Moderator/die Moderatorin gestellte Frage wird entweder mit einer Gegenfrage beantwortet oder an die Zuhörenden zurückgegeben. Ein sehr wichtiges Moderationsmittel, das den Moderator nicht nur von der Antwortlast befreit, sondern auch das Publikum explizit aktiviert und einbezieht.

- Standardformulierungen für **Gegenfragen** können z. B. sein:
  - Sind auch die anderen Anwesenden der Meinung, dass …?
  - Was wäre die Konsequenz, wenn man sich der eben gehörten Meinung anschließen würde?
  - Gehört das, was … gesagt hat, wirklich zu unserem Thema?

5.2 Hilfsmittel bei der Diskussionsleitung

Thesenpapier oder Handout

Die an die Zuhörerinnen und Zuhörer verteilte schriftliche Zusammenfassung des eigenen Referates erwähnen wir ganz bewusst erst hier (und nicht im Abschnitt über Visualisierungshilfen), da wir immer wieder die Erfahrung gemacht haben, dass ein bereits vor dem Vortrag ausgeteiltes **Begleitpapier** die Konzentration der Zuhörenden unweigerlich vom Vortrag ab- und auf das Papier hinlenkt. Wir raten daher dringend von diesem Vorgehen ab. Natürlich kann und soll man während des Vortrages darauf hinweisen, dass später eine schriftliche Zusammenfassung, die Kopie der aufgelegten Folien o. Ä. verteilt wird – das ist sinnvoll, weil es die Zuhörer entlastet (z. B. von der Arbeit des **Mitschreibens**) und so ihre Konzentration steigert. Aber während des Referates ist es wirklich besser, die gemeinsame Konzentration „nach vorne“ zu haben. Soll das Handout zur Strukturierung der Diskussion dienen, muss es allerdings all den auf der Seite 110. formulierten Regeln für Visualisierungshilfen entsprechen, damit die Zuhörer das Wichtigste schnell und übersichtlich gegliedert zur Kenntnis nehmen können.

Analyse-Schema
Zu Hause als Plakat oder OP-Folie vorbereitet (oder auch vor dem Referat an die zugeklappte Tafel geschrieben), wird das Analyse-Schema die intensive Nacharbeitung eines Referatthemas erleichtern, weil es dazu dient, Argumente genauer zu beleuchten, ein Problem in Teilaspekte zu untergliedern oder auch mögliche Lösungsansätze vorzustrukturieren. Das Schema besteht im Regelfall aus einer Tabelle, deren Überschriften ganz oder teilweise vorgegeben sind. Das Publikum diskutiert mögliche „Antworten" für die einzelnen Spalten der Tabelle, der Moderator (oder ein Mitschüler/eine Mitschülerin) überträgt die ausdiskutierten Lösungen auf die Folie (das Plakat, die Tafel).

Alternative A:	Pro:	Kontra:
Alternative B:	Pro:	Kontra:

Gruppenkreuz
Diese Methode ist nur dann geeignet, wenn man geplant hat, die Nachbereitung des Referates zumindest teilweise in Kleingruppenarbeit durchzuführen. Die Tafel (die Folie, die Wandzeitung usw.) wird in so viele Felder unterteilt, wie Arbeitsgruppen gebildet werden, Stichworte für die einzelnen Themen werden gesammelt und in die Felder geschrieben. Man kann als Referent die Gruppenphase sehr gut vorstrukturieren, indem man Überschriften für die einzelnen AG-Themen vorgibt.

Ergebnis Gruppe 1:	Ergebnis Gruppe 2:
Ergebnis Gruppe 3:	Ergebnis Gruppe 4:
Ergebnis Gruppe 5:	Ergebnis Gruppe 6:

Mindmaps

Natürlich kann auch eine während der Diskussion entstehende oder auch teilweise bzw. ganz vorgegebene Mindmap die Moderation unterstützen.

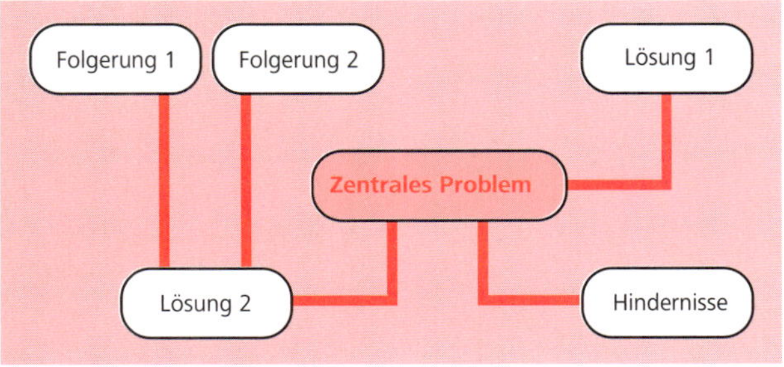

5.3 Schwierige Situationen und Störungen bewältigen

Die oberste Regel – auch gegenüber den sog. **Killerphrasen** – lautet: Immer sachlich bleiben, niemals persönlich oder gar ausfallend werden! Nur derjenige, der unfairen Gegenrednern oder Störern gegenüber ruhig auf den sachlichen Aspekten des Themas beharrt, hat eine reelle Chance, die Diskussion zu retten und auf die **sachangemessene Ebene** zurückzuführen. Wer dagegen selbst emotional und unsachlich reagiert, hat wenig Chancen, zur inhaltlichen Auseinandersetzung zurückzukehren. Dieses Verhalten fällt sicherlich gerade Anfängern auf diesem Gebiet ganz furchtbar schwer, ist aber wirklich die einzige Möglichkeit zur einer sachlich-fruchtbaren Erörterung. Optimal ist es, wenn man die Gelegenheit hat, so etwas bewusst zu üben, zum Beispiel in entsprechenden **Rollenspielen**!

Die nachfolgende Übersicht soll eine Hilfe dabei sein, die Störmanöver unfreundlich gesonnener Mitschüler zu identifizieren und mit dem entsprechenden Gegenverhalten zu kontern:

Checkliste	
Diskussionsstörungen	**Förderndes Verhalten**
Diskussion durch Vielreden monopolisieren, d. h., an sich zu ziehen und niemandem sonst die Möglichkeit zur Stellungnahme zu geben	Thema, Ziele, Probleme formulieren und an das Publikum zurückgeben
Beharren auf Bekanntem und (scheinbar) Abgesichertem	neue und originelle Ideen nennen, neue Wege skizzieren, an Kreativität appellieren
persönliche (beleidigende) Fragen stellen	sachliche Rückfragen stellen, Gemeinsamkeiten herausstellen
Mitschüler und Referenten besserwisserisch belehren	Fachkenntnisse sachlich einbringen, argumentieren
Vorschläge entwerten oder zum Boykott aufrufen	die Gruppe ermutigen und dazu ermuntern, sich „ein Stückweit“ auf das vorgeschlagene Team oder die Methode einzulassen
die Mitschüler oder den Referenten diffamieren oder beleidigen	ein Feedback von der Gruppe einfordern
auf einmal gefassten Meinungen beharren	die Weiterentwicklung des Diskussionsprozesses fördern/fordern
Sprüche klopfen	Humor und Witz einbringen
polarisieren	vermitteln

Lern-Check: Teste dein Wissen!

Kapitel „Die Anschlussdiskussion moderieren“	O.K. ✓	Das muss ich noch mal lesen
Ich kann die Funktionen, die jeder Moderator übernehmen muss, nennen.		S. 118
Ich beherrsche die verschiedenen Fragekategorien und kann einschätzen, wann welche Frageform angebracht ist.		S. 119–123
Ich bin über die verschiedenen Möglichkeiten der Hilfsmittel bei der Diskussionsleitung informiert und kann sie einsetzen.		S. 123–125
Ich bin in der Lage, auf Diskussionsstörungen angemessen sachlich zu reagieren.		S. 125–126

6 Sonderformen von Referaten

Wir haben exemplarisch zwei „Typen“ ausgewählt, die jeweils stellvertretend für eine ganze Reihe weiterer Sonderformen von Referaten stehen.

Die **Expertenbefragung** ist eine Methode, in der die Informationsbeschaffung und -auswertung sowie deren Präsentation quasi „in einem Gang“ vorgenommen wird: Durch die Befragung und während der Befragung findet die Information der Mitschüler statt. (Das bedeutet natürlich nicht, dass die Expertenbefragung keinerlei Vorbereitung bedarf – dazu gleich mehr!) Neben der Expertenbefragung stehen daher z. B. das Interview, das Experiment, die Erkundung vor Ort, die Rallye usw.
Die **Reportage** dagegen setzt erst in der Phase der Auswertung und Präsentation der vorher gewonnenen Informationen ein und gibt diesen einen besonderen Ausdruck. Sie steht beispielhaft für Formen wie Rezension, Plädoyer, Anklage- und Verteidigungsrede, Laudatio (Lobpreisung), Verkaufsgespräch usw.

6.1 Expertenbefragung

Es kann eine sehr spannende Sache sein, z. B. etwas über den in der Stadtverwaltung heiß diskutierten Konflikt um die Abschaffung der Orientierungsstufen und den neuen Zuschnitt der Schulbezirke zu erfahren, wenn einer der Verantwortlichen für dieses Vorhaben leibhaftig vor einem sitzt und man ihn ausfragen kann. Dies ist der Vorteil solch einer Befragung, denn der natürlichen Neugierde wird ein Ziel gegeben, das im wahrsten Sinne „Hand und Fuß“ hat und damit den handelnden Umgang mit eigenen Interessen ermöglicht. So eine Befragung will aber wirklich gut überlegt sein, sonst verpufft der gut gemeinte Effekt völlig.

Was also ist zu tun?
Schritt 1: Zunächst einmal muss der Kontakt zu dem Experten, der eingeladen werden soll, hergestellt und ein für beide Seiten passender Termin gefunden werden. Wir raten, sich diesen schriftlich bestätigen zu lassen. Auch die Frage eines eventuellen Honorars bzw. der Erstattung von Fahrtkosten solltest du möglichst sofort ansprechen und ggf. schriftlich festhalten, um später keine unliebsamen Überraschungen zu erleben. Ebenso wichtig ist es, anschließend sofort die Schulleitung zu informieren. (Die Schulleitung hat grundsätzlich das „Hausrecht" und muss solche Besuche genehmigen!) Auch hier ist es von Vorteil, etwas Schriftliches in der Hand zu haben (bzw. dann, wenn Kosten anfallen, eine verwaltungstechnische Notwendigkeit).

Schritt 2: Das Gespräch muss auf jeden Fall inhaltlich vorbereitet werden, denn die Methode der Expertenbefragung enthält einige Risiken, die sich durch ein ausführliches Vorgespräch aber minimieren lassen.

Schritt 3: Ebenso wichtig ist es, euren Lehrer zu informieren und mit ihm gemeinsam die Befragung vorzubereiten – evtl. kann oder will er ja auch an dem Vorgespräch teilnehmen!

Schritt 4: Ob die inhaltliche Vorbereitung der Befragung im Unterricht mit der Klasse gemeinsam geleistet werden soll, hängt zu sehr von den konkreten Umständen ab – das kannst du nur im Einzelfall klären. Folgende Fragen müssen aber zumindest für den Referenten (und ggf. den Lehrer) im Vorfeld der Expertenbefragung völlig klar sein:

- Soll der Experte von der ganzen Klasse, einer Sprechergruppe oder nur von dir selber befragt werden?

- Welche Sitzordnung wird gewählt, welche Arbeitsmaterialien und Medien benötigt ihr?
- Welche Vorinformationen zur Sache können bei den Mitschülern mit Sicherheit erwartet werden?
- Was ist überhaupt nicht oder nur ansatzweise bekannt, muss also unmittelbar vor oder auch während der Befragung sachlich erläutert werden?
- Wie können zu schwammig oder auch zu provokant gestellte Fragen der Mitschüler so umformuliert werden, dass der Experte sachlich präzise darauf antworten kann?
- Soll für die Ergebnissicherung das gesamte Gespräch auf Tonband oder Videofilm aufgenommen werden? Soll ein Verlaufsprotokoll erstellt werden und von wem? Oder reicht ein Ergebnisprotokoll aus?

Du solltest dir darüber im Klaren sein, dass die Expertenbefragung zwar in geradezu idealer Weise Wissen, Ereignisse, Einstellungen und wichtige politische Entscheidungen „lebendig“ werden lassen kann, da diese von einer konkreten Person vorgetragen werden.
Gleichzeitig gibt es aber auch eine Reihe von Risikofaktoren, die zwar durch ein intensiv geführtes Vorgespräch verringerbar sind, aber das Gelingen einer Expertenbefragung verhindern können:

Risikofaktor 1: Der Experte ist aufgrund eigener sprachlicher Mängel nicht in der Lage, den Funken überspringen zu lassen. Seine Antworten bleiben wegen der mangelnden Vortragsqualitäten blutleer und langweilig.

Risikofaktor 2: Der Experte geht zu sehr auf inhaltlich unwichtige Dinge ein, oder er verliert sich in Details, die für die Fragenden völlig funktionslos bleiben. Dies passiert dann besonders leicht, wenn die Fragen sehr persönliche und bewegende Erinnerungen hervorrufen.

Risikofaktor 3: Der Experte ist nicht in der Lage, altersangemessen zu berichten. Er kann oder will nicht sehen, was die Kinder oder Jugendlichen, die da vor ihm sitzen, wirklich interessiert.

Risikofaktor 4: Die Fragen, die gestellt werden, sind trotz sichtbaren Schülerengagements sachlich nicht angemessen, sie gehen zu sehr in funktionslose Details oder verlieren sich in abstrusen Konstruktionen und Fiktionen.

Risikofaktor 5: Die Mitschüler lassen das angemessene Taktgefühl vermissen und provozieren oder beleidigen den Experten auf persönlicher Ebene.

„Allheilmittel" und/oder Rezepte gegen eine solche Situation gibt es nicht, du solltest dir also des Risikos, das du eingehst, bewusst sein. Auf jeden Fall solltest du vorher mit dem Lehrer, der ja ohnehin die Verantwortung für die ganze Sache hat, die Befragung genau planen.

6.2 Reportage

Die Reportage ist durch eine bestimmte Art der Verarbeitung und der Darstellung von Informationen gekennzeichnet: Sie stellt einen **persönlich gefärbten Bericht** dar, in dem nicht nur die erhaltenen oder erarbeiteten Informationen weitergegeben oder präsentiert werden, sondern auch deine persönlichen Erlebnisse und dein persönliches Engagement thematisiert wird – dies unterscheidet die Reportage von einem Sachreferat.

Die Fakten, die einer Reportage zugrunde liegen, brauchen keineswegs sonderlich aufregend zu sein, sondern erst die Form des persönlichen Berichts mit Elementen wie dem Einsatz der wörtlichen Rede, einer nachvollziehbar beschriebenen Situationskomik oder dem Aufbau von Spannung auf den Ausgang machen die Reportage lesenswert und die Erlebnisse nachvollziehbar.

Bei der Präsentation eines Referates, für das du die Form einer Reportage gewählt hast, ist deiner Fantasie ein breiter Spielraum gelassen – das macht die Reportage sowohl für den Referenten als auch für seine Zuhörer attraktiv! Wir haben einige **Präsentationsformen**, mit denen uns unsere Schüler teilweise selbst überrascht haben, gesammelt und möchten sie skizzieren und auch kurz kommentieren:

- Der schauspielerisch versierte Schüler stellt sich mit einem Mikrophon (bzw. einem ähnlich aussehenden Gegenstand) vor die Klasse und spielt die gesamte Reportage vor. Das ist ungeheuer effektvoll, aber auch mindestens ebenso anstrengend und schwierig – wenn es klappt, ist euch der Beifall sicher, aber das Risiko des Misserfolges ist auch sehr groß! Zu dieser Präsentationsform können wir eigentlich nur Schülern raten, die schon „Halbprofis" im Schauspielern sind.
- Wesentlich einfacher ist es, die eben skizzierte Präsentation per Video vorzubereiten und dann der Klasse vorzuspielen. Und der Videofilm bietet natürlich auch noch weitere Möglichkeiten: Man kann sich als Reporter „bei der Arbeit" filmen lassen, also z. B. „Befragte" interviewen, überraschende Ereignisse einbauen, komische Situationen erfinden usw. Gegenüber dem „Live-Auftritt" ist dies natürlich viel einfacher, da man missglückte Szenen beliebig oft neu drehen und das fertige Rohmaterial dann auch noch durch einen geschickten Schnitt verbessern kann.
- Man bittet einige Mitschüler, während des Vortrages der Reportage die Interviewpartner zu spielen – das bedeutet eine ganz erhebliche schauspielerische Entlastung.
- Man kann die Reportage aber auch insbesondere dann, wenn sie gut geschrieben ist, einfach vortragen – aber bitte vorher zu Hause üben und nicht durch einen „leierigen" Tonfall oder Ähnliches alles verderben!

Lern-Check: Teste dein Wissen!

Kapitel „Sonderformen von Referaten“	O. K. ✔	Das muss ich noch mal lesen
Ich kann zwei Sonderformen von Referaten nennen.		S. 128
Ich kann erklären, was man unter einer „Expertenbefragung“ versteht.		S. 128
Ich kann drei Reportage-Formen nennen.		S. 128
Die einzelnen Schritte zur Durchführung einer Expertenbefragung kann ich wiedergeben.		S. 129, 130
Ich kann die Risikofaktoren aufzählen, die mit der Durchführung einer Expertenbefragung verbunden sind.		S. 130, 131
Die Grundzüge einer Reportage kann ich charakterisieren.		S. 131
Ich kann Beispiele für die Präsentation einer Reportage nennen.		S. 132

Anhang

Beispiele für die Gliederung von Referaten

Wie kann denn nun so ein fertig ausgearbeitetes Referat aussehen? Um dies einmal an zwei sehr unterschiedlichen Beispielen zu demonstrieren, haben wir die Inhaltsübersichten von zwei völlig verschiedenen Referaten hier aufgenommen – eines aus dem Geschichtsunterricht und eines aus dem Mathematikunterricht.
Wir wollen mit diesen beiden Beispielen zeigen, wie mögliche Strukturierungen, Orientierungen und Auseinandersetzungen mit dem Thema des Referates aussehen können.

BEISPIEL 1

Mathematik Klasse 7e 14.6.2009
Hannah

Einheit: Symmetrien
Thema: Spiralen

Inhaltsverzeichnis

BEISPIEL 2

Geschichte Klasse 10c 17.2.2009
Maria

„Europavorstellungen in der Zeit nach dem Ersten Weltkrieg: Europapläne Briands und Stresemanns 1929/1930“

Inhalt Seite

Bewertungskriterien für Referate

Es gibt zwei sehr unterschiedliche **Bewertungsebenen**:

- Die erste betrifft allein die Qualität der schriftlichen Ausarbeitung.
- Die zweite beurteilt die Qualität der mündlichen Präsentation und evtl. auch die Moderation des anschließenden Unterrichtsgespräches.

Wir haben für beide Ebenen einen **Kriterienkatalog** als Grundlage der Bewertung des Referates entwickelt, den wir den Schülern vorher bekannt geben und mit dem wir seit einer ganzen Reihe von Jahren erfolgreich und fair – wie wir finden – arbeiten. Natürlich muss dieser Kriterienkatalog altersangemessen angewendet werden! Beispielsweise wird für ein Referat in der Klassenstufe 7 die Fehlerzahl (Punkt 1 bei den Formalien) wesentlich wichtiger sein als das ausführliche Literaturverzeichnis (Punkt 7 bei den Formalien). Die Sicherheit des methodischen Zugriffes (Punkt 1 bei Methode) dagegen wird etwa in der gymnasialen Oberstufe zunehmend an Bedeutung und Gewicht gewinnen.

Beurteilungskriterien für die schriftliche Ausarbeitung

- **Formalien**
  - Wie viele Rechtschreib-, Zeichensetzungs- und Grammatikfehler enthält das Referat?
  - Wie ist das äußere (Schrift-)Bild und das „Layout"?
  - Ist der sprachliche Ausdruck sowie evtl. der Gebrauch der Fachsprache angemessen?
  - Ist das Referat formal vollständig?
  - Findet sich am Anfang eine sinnvolle Inhaltsübersicht?
  - Sind alle Zitate kenntlich gemacht und die Fundstellen korrekt angegeben?
  - Gibt es ein sachlich angemessen ausführliches und richtig angelegtes Literaturverzeichnis?

- **Inhalt**
  - Ist das Referat inhaltlich vollständig?
  - Ist die Gliederung themenbezogen und in sich logisch?
  - Finden sich größere Abschweifungen oder Abweichungen vom Thema, wird das Thema evtl. sogar verfehlt?
  - Werden die verwendeten Fachbegriffe klar definiert?
  - Bauen die Argumente logisch aufeinander auf, ist das Ganze in sich stringent (folgerichtig)?
  - Wird deutlich unterschieden zwischen sachlicher Darstellung und dem eigenen Urteil?

- **Methode**
  - Werden die verwendeten Erhebungs- und Darstellungsmethoden beherrscht und angemessen verwendet?
  - Wie umfangreich und mit wie viel Arbeit verbunden waren die Vorarbeiten, die Recherchen und die erstellten Erhebungen?
  - Wie sorgfältig und ggf. (selbst-)kritisch wird mit Quellen, Sekundärliteratur, eigenen Erhebungen usw. umgegangen?
  - Wie deutlich wird das Bemühen um Sachlichkeit und distanzierte Darstellung, gerade auch in Bezug auf die Darstellung fremder Positionen?

- **Arbeitsergebnisse**
  - Wie ist das Verhältnis von Aufwand und Ergebnis, rechtfertigt das Ergebnis den betriebenen Aufwand?
  - Kommt der Verfasser/die Verfasserin des Referates zu vertieften und selbstständig-kritischen Ergebnissen oder referiert er/sie nur Allgemeinplätze?
  - Wie ist das eigene Engagement des Referenten/der Referentin zu beurteilen?

Beurteilungskriterien für die mündliche Präsentation und Moderation

- **Vortrag/Inhalt**
  - Ist die Einleitung so gelungen, dass sie die Kriterien auf der S. 82 erfüllt?
  - Sind die Argumentationsmuster klar erkennbar, sinnvoll und sachlich angemessen?
  - Welche rhetorischen Mittel werden mit welchem Geschick und Erfolg benutzt?
  - Ist der Schluss so gestaltet, dass er den Kriterien auf S. 85–86 genügt?
  - Bringt das Referat den Mitschülern wirklich wichtige, neue Informationen, berührt es die Zuhörer?

- **Vortrag/Sprache**
  - Spricht der Referent/die Referentin deutlich, klar und so langsam, dass die Zuhörerinnen und Zuhörer ohne weiteres folgen können?
  - Benutzt er/sie vollständige Sätze?
  - Sind Satzmelodie und Betonung des Referenten angemessen und lebhaft?
  - Wird der Blickkontakt zu den Zuhörern immer wieder gesucht und gehalten?
  - Werden wichtige und/oder zentrale Aussagen wiederholt oder auf andere Weise sprachlich herausgehoben?
  - Werden ungewohnte Fremdwörter oder Fachbegriffe erläutert?

- **Visualisierung und Medien**
  - Werden Visualisierungsmittel und/oder andere Medien benutzt?
  - Passen die Hilfen/Medien zum Referatsthema?
  - Sind die Visualisierungshilfen klar gegliedert, themenbezogen und gut lesbar?
  - Sind sie interessant bzw. originell und überraschend gestaltet?
  - Enthält das Material zu viele unwichtige Informationen oder konzentriert es sich auf das wirklich Wichtige?

- **Sonstiges**
  - Ist die Körperhaltung des Referenten entspannt, wirkt sein Auftreten sicher und souverän?
  - „Verschanzt“ sich der Vortragende hinter dem Pult, seinen Büchern und Ähnlichem oder bewegt er sich frei und ungezwungen im Raum?
  - Hat der Vortrag die richtige Prägnanz und Kürze bzw. Länge?
  - Zeugen die Reaktionen der Mitschüler eher von Spannung oder eher von Langeweile?

- **Moderation der Anschlussdiskussion**
  - Wie geschickt ist das methodische Vermögen des Referenten, seine Mitschüler zum Reden und zu Stellungnahmen zu bewegen?
  - Ist er in der Lage, eine Rednerliste im Kopf zu führen und diese rasch zu realisieren?
  - Wie geht er mit Störungen und „Killerphrasen" um?
  - Wie gut gelingt es ihm, bei Abweichungen, Abschweifungen oder Wiederholungen die Mitschüler wieder auf das eigentliche Thema zu lenken?
  - Ist er in der Lage, Zwischenergebnisse zu formulieren?

Checklisten

Inhaltliche Vorbereitung

- **Anfang, Einstieg, Vorwort**
  - Mit welchen Worten fange ich an?
  - Wie stelle ich mich und mein Thema vor?
  - Macht mein Einstieg die Zuhörer neugierig?
  - Welche Mittel setze ich ein, um die Zuhörer gleich zu Beginn zu fesseln?
  - Wie stelle ich die Struktur bzw. den roten Faden des Referates vor?

- **Aufbau, Struktur, Gliederung**
  - Ist mein Referat nachvollziehbar gegliedert?
  - Ist die Reihenfolge meiner Argumente richtig?
  - Werden die wichtigsten Aussagen oder Thesen allen deutlich?
  - Ist der Argumentationsteil logisch nachvollziehbar aufgebaut?
  - Sind meine Ausführungen verständlich?
  - Werden alle Fremdwörter und Fachbegriffe erklärt?
  - Ist die Anzahl der Informationen ausreichend?

- **Schluss, Zusammenfassung, Ausblick**
  - Welche Kernpunkte soll der Schlussteil enthalten?
  - Mit welchen Worten beende ich mein Referat?
  - Ist am Ende noch einmal eine Zusammenfassung notwendig?
  - Möchte ich mit dem Schlusswort einen positiven Eindruck vermitteln?

Hilfsmittel

- **Leitfragen für die Wahl der Hilfsmittel**
  - Ist die Folie, das Plakat, der Tafelanschrieb oder die Computerpräsentation von allen Sitzplätzen aus gut lesbar?
  - Sollen die Zuhörerinnen und Zuhörer mitschreiben oder bekommen sie von mir ein Thesenpapier?
  - Welche Visualisierungsmittel setze ich ein?
  - Welche dieser Mittel bereite ich vor (OP-Folien, Plakate...), welche entwickle ich während der Präsentation (Flip-Chart, Tafel, OP-Folie? (Unbedingt vorher üben, evtl. auf Zettel skizzieren!)
  - Gibt es weitere audiovisuelle Hilfsmittel (Karten, Fotos, Dias, Filmausschnitte ...)?
  - Sind die Medien für die Hilfsmittel technisch in Ordnung?
  - Was kann ich tun, wenn etwas ausfällt?
  - Habe ich alle notwendigen Hilfsmittel und Materialien eingepackt (Filzstifte, Folienschreiber, (Farb-)Kreide ...)?
  - Soll das Referat durch Musik oder andere akustische Elemente unterstützt werden?

Techniken

- **Leitfragen hinsichtlich der Vortragstechnik**
  - Sollte der Vortrag vorher vor dem Spiegel geübt werden, damit Gestik, Mimik und der zu vermittelnde Inhalt auch übereinstimmen?
  - Wie wirkt meine Körperhaltung auf die Zuhörerinnen und Zuhörer?

- Ist die Lautstärke meiner Stimme so, dass mich alle verstehen können?
- Spreche ich deutlich genug?
- Ist das Tempo meiner Sprechweise angemessen (nicht zu schnell, nicht zu langsam)?
- Benötige ich für die Präsentation ein Mikrofon?
- Spreche ich in ganzen Sätzen oder neige ich zu verkürzten Sätzen, die keiner verstehen kann?
- Wie viel Text muss ich vom Blatt ablesen? Freie Vorträge sind interessanter!
- Wie viel Blickkontakt werde oder muss ich mit dem Publikum aufnehmen?
- Bin ich in der Lage, möglichst alle Zuhörer anzuschauen?
- Mit wem kann der Vortrag schon im Vorfeld geübt und geprobt werden?
- Habe ich so großes Lampenfieber, dass es sinnvoll ist, den Einstieg bzw. das Vorwort des Referates auswendig zu lernen?

Stichwortverzeichnis